教育

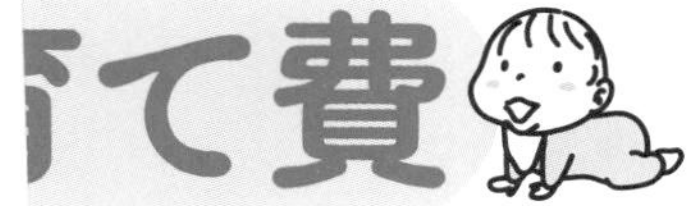

賢い家族の お金の㊪ルール

改訂版

ファイナンシャル・プランナー　前野 彩

日経DUALの本

第1章

第2章

第3章

ママとパパどう働く？ 収入に合った幸せな生活スタイル …… 95

第4章

「親世代」とは全然違う！「私世代」のお金の㊎ルール …… 153

はじめに

子育て費&教育費の金額は無償化後の推計値を基に刷新。変化する社会に惑わされないお金の知恵を手に入れましょう!

あなたが幸せを感じる瞬間は、どんなときですか?

幸せを求めて「もっと収入が高かったら」「もっと貯蓄があったら」と思うことがあるかもしれません。では、具体的にいくらあれば安心できますか?

生きていくうえでお金は必要ですが、お金は人生の選択肢を増やすための「道具」です。だからこそ、上手に使ったり貯めたりできるようになりたいですね。

子育て家庭では、「これからいろいろお金がかかるから…」と節約や我慢を重ねて、お金を貯めることを頑張る傾向があります。でも、お金に余裕が出たころには子どもは成長していて、家族よりも友達と過ごしたがったり、受験シーズンに入ったりして、「もっと親子で楽しめばよかった」と後悔している先輩ママ・パパもいらっしゃいます。子育て家庭にとって「お金をたくさん貯めること＝幸せ」ではないのです。

一方、「こんなことをしてあげたい」という将来の楽しい計画もたくさんあるでしょう。そしてその計画には、きっとお金が必要なはず。

そこでこの本は、正確な数字をお伝えしつつも、教育費＆子育て費を「ざっくり」把握してもらうことを目的に作りました。細かな数字を頭に入れなくても、「この時期にはだいたいこれぐらいのお金がかかる」「こんな制度が使えるかも」ということさえ頭に入っていれば、漠然とした不安は解消されますし、必要以上の節約でストレスをためることもなくなるはずです。

２０１８年にこの本を出してから、たった2年のうちに幼保無償化や私立高校の実質無償化が始まるなど、子育て家庭を取り巻く状況は大きく変わりました。教育費の準備方法も時代と共に変わっています。そこで、無償化後の数字（推計値含む）を盛り込み、全面的に刷新しました。

さらに、新型コロナウィルスの感染拡大により、働き方や生活の仕方も変化の真っ最中にあります。同じ「会社員」でも、毎日職場に出勤する人もいれば、テレワーク中心の人もいます。このように、典型的な家族が存在しなくなってきた今だからこそ、「あなたが幸せと感じるお金の使いかた・貯めかたを見つけること」が、子育て世帯のお金の新ルールです。

変化する社会に惑わされないお金の知恵を持ち、賢く楽しく生き抜いていきましょう。

2020年10月　ファイナンシャル・プランナー　前野彩

第1章

子育てって、ざっくりどのくらいお金がかかるの？

〝子ども1人2000万円〟に惑わされない。「毎月かかるお金」を見通せば、乗り切れる！

子育て費用について、**「子ども1人にかかる教育費は2000万円」**という数字が飛びかっているようです。こんなに大きな金額を聞くと、「ウチはお金がないから子どもはムリかも…」と心配になってしまうのも仕方がありません。

でも、大丈夫！　**賢い家族は〝総額〟ではなく、〝毎月かかるお金〟で考えます。**

保育園や幼稚園、小中高、そして大学。子どもの年齢によって、子育てにかかるお金は変わりますが、一般的に毎月の**教育費が最もかかる中学校や高校の時期も、「月4万円」あれば、十分な教育環境を用意することができます。**

「2000万円」と聞いて不安になるより、「よし、月4万円なら準備できそう！」と、前向きに、賢く、楽しく教育費の準備を始めましょう。

子どもが産まれたら、児童手当ももらえるんですから。

さあ、子育てスタート！
出産費用は平均50万円。でも自己負担は10万円以下

はじめての出産・育児では、どんなものが必要で、そして、いくらぐらいお金がかかるのかがわからないため、夫婦で戸惑うことも多いでしょう。また、可愛い赤ちゃんグッズを見ると、つい買いたくなりますよね。

でも、妊娠から子どもの大学卒業までの約24年間の長～い子育ての旅を考えると、**妊娠してから出産までの1年間は、賢い親になるための意識改革のチャンス**。この期間を、計画的にお金を使うトレーニング期間にしましょう。

ポイントは、「**概算を知る**」ことと、「**制度を知る**」ことの2つです。

出産費用は、全国平均で約50万円。この支出に対して、**健康保険から42万円の出産育児一時金**が受け取れます。すると、最終的な自己負担額は、10万円以下になるんです。この〝**ざっくり費用感**〟を夫婦で意識しましょう。

出産に必要なお金

出産にかかるお金
約50万円

健康保険から
42万円（出産育児一時金）
がもらえる。

児童手当の月額

	3歳未満	3歳〜小学生	中学生
第一子・第二子	1万5000円	1万円	1万円
第三子以降	1万5000円	1万5000円	1万円
所得制限世帯	5000円	5000円	5000円

保育料は、世帯年収４００万円で月３万円。幼稚園は、幼保無償化により月２万円

共働き世帯が増加して、0歳から保育園を利用する家庭も多くなりました。

保育料は、「市町村民税の所得割」を元に決まります。次のページに、世帯の目安年収４００万円と８００万円の場合の認可保育園の料金を載せました。市区町村によって変わりますが、**目安年収が４００万円の家庭で月額３万円前後、目安年収が８００万円になると４万円台に乗ります。**なお、原則としてきょうだいが同時に通う場合は**２人目半額、３人目無料**となります。それに対して、認可外保育園の料金は千差万別。認可保育園と同じ程度の料金の園もあれば、月20万円以上するケースもあります。

一方、無償化前の幼稚園の費用は、公立幼稚園の場合はひと月当たり約２万円、私立幼稚園で約４万円で、公立と私立では、２倍以上の差がありました。

「3歳まで」保育園に毎月かかるお金

（3歳未満児）

	世帯年収400万円（市区町村民税所得割：10万円）	世帯年収800万円（市区町村民税所得割：20万円）
札幌市	3万250円	4万5870円
東京都（品川区）	2万2800円	3万3000円
名古屋市	2万5800円	4万2700円
大阪市	2万8300円	4万5100円
福岡市	3万1900円	4万4600円

※各自治体のホームページより作成（2020年9月時点）。

世帯年収400万円だと
3万円
世帯年収800万円だと
4万円

「3歳から」の幼稚園時代に毎月かかるお金（無償化後の推計）

		公立 幼稚園	私立 幼稚園
1年間	学校関係費用	12万円	12万円
	学校外費用	8万円	17万円
	合計	20万円	29万円
毎月の費用		1万7000円	2万4000円

- 学校関係費用／給食費、通園のバス代、行事費用など
- 学校外費用／習い事の月謝や交通費など

※学校関係費用は推計値（詳細は18～19ページ）。
※学校外費用は文部科学省『子どもの学習費調査（2018年）』のデータを参照。
※端数処理により、合計額が一致しない場合があります。

3歳からは「幼保無償化」で教育費が大幅減！

2019年から3～5歳児クラスの幼稚園、保育園などの利用料の無償化制度が始まりました。共働きで高い保育料を負担していた夫婦はもちろん、幼稚園の入園を迎えるママ・パパにも嬉しい制度です。

「3歳から」というと、誕生日を迎えてすぐ変わるように期待してしまいますが、実際は、満3歳になった後の4月1日から小学校入学前までの3年間（幼稚園は満3歳から）が無償化の対象です。

公立・私立の区別なく原則無償ですが、通園費や給食費、行事費用などのお金はかかります。園や子どもの人数によりますが、月額約1万円を想定しておきましょう。

また、習い事の月謝や交通費などの「学校外費用」は無償化後もかかります。無償化前の文部科学省の2018年調査によると、幼稚園の「学校外費用」は

幼保無償化で保育料はこう変わる？

	保育所・幼稚園・認定こども園など	認可外保育園・幼稚園など
3～5歳児クラス	無償（幼稚園は月額2.57万円までの利用料が無償）	月額3.7万円までの利用料が無償
0～2歳児クラス	住民税非課税世帯は無償	住民税非課税世帯は月額4.2万円までの利用料が無償

公立で年8万円、私立で年17万円。幼稚園に限った話ではありませんが、公立より私立の方が、「学校外費用」も高くなる傾向があります。この数字をそのまま当てはめると、年間で20～29万円、ひと月当たり1万7000～2万4000円となる計算です。

無償化前は、公立幼稚園で月2万円弱、私立幼稚園で4万円超でしたから、公立幼稚園の場合はそれほど変化がありませんが、私立幼稚園では、毎月の教育費が大きく下がることになります。これまでは保育料が高いという理由で私立幼稚園を選べなかった人にとって、私立が選択肢に入るようになるというメリットもありますね。

小学校の学校関係費用は、公立で月1万円弱。習い事や塾代を入れても月3万円あれば大丈夫!

最近の小学生は、習い事や塾などの放課後の活動も多彩になってきました。これから子どもが小学生になる家族に知ってほしいのが、左の表です。

公立小学校の学校関係費用は年間11万円、習い事や塾などの学校外費用は21万円、合計で年間32万円です。**毎月の教育費に換算すると、約3万円あれば、給食費やクラブ活動、習い事から塾代までまかなえる**のです。意外に少なく感じませんか? 私たちが働いて納めている税金が、巡り巡って子どもの教育費に充てられていますから、安心して義務教育を受けさせることができるのです。

しかし、私立小学校となると、教育費は跳ね上がります。学校・学校外費用の合計で毎月約13万円かかります。この金額を6年間払い続ける必要があるため、私立を希望する場合は、夫婦でしっかり認識しておいてくださいね。

小学校時代に毎月かかるお金

		公立 小学校	私立 小学校
1年間	学校関係費用	11 万円	95 万円
	学校外費用	21 万円	65 万円
	合計	32 万円	160 万円
毎月の費用		2万6800円	13万3200円

- 学校関係費用／授業料、修学旅行費、給食費、生徒会費、教科書費、クラブ活動費、制服代など
- 学校外費用／参考書、問題集、家庭教師代や学習塾代、芸術やスポーツの習い事の月謝、交通費など

※文部科学省「子供の学習費調査（2018年）のデータを基に計算。
※端数処理により、合計額が一致しない場合があります。

公立小学校は3万円
私立小学校は13万円

中学校時代の教育費は、公立で月4万円。私立では月12万円かかります

さて、次は中学校時代の教育費です。部活に塾にと何かと忙しい時期。親よりも友達と過ごす時間が増え、青春まっしぐらの中学生は、お金もかかりますね。公立中学校でも、塾の回数や参考書などの教材費が増えたり、ピアノの個人レッスンが始まったりと、学校外費用が膨らむため、学校関係費用と合わせると、必要なお金は月に4万円になります。ただし、**「月4万円あれば子どもに十分な教育環境を用意できる」**と考えれば、やりくりできそうですね。

私立中学校は、私立小学校よりも少しだけ安くすみますが、それでも毎月11万円以上はかかる計算になります。**よく「私立中学校に入学させてしまえば、その後は塾通いから解放される」といいますが、実態は違うようです。高校受験を控えた公立中学校とほぼ同額の学校外費用がかかります。**

中学校時代に毎月かかるお金

		公立 中学校	私立 中学校
1年間	学校関係費用	18万円	108万円
	学校外費用	31万円	33万円
	合計	49万円	141万円
毎月の費用		4万700円	11万7200円

- 学校関係費用／授業料、修学旅行費、給食費、生徒会費、教科書費、クラブ活動費、制服代など
- 学校外費用／参考書、問題集、家庭教師代や学習塾代、芸術やスポーツの習い事の月謝、交通費など

※文部科学省「子供の学習費調査（2018年）のデータを基に計算。
※端数処理により、合計額が一致しない場合があります。

高校の教育費は、公立で月4万円。私立では月8万円かかるけど、中学時代より安くすむ

高校進学には受験があるため、望む学校に進めるとは限らないのが悩ましいところです。また、地域によって公立優位や私立優位などもあります。そこで、公立と私立の2パターンの〝ざっくり費用感〟をつかんでおきましょう。

高校生になると、授業料の無償化があったり大学進学をしない人もいたりすることから、平均教育費は中学校よりも減ります。**公立高校に進学した場合は、学校外費用も含めて月約4万円**ですみます。

一方の私立高校も、小学校や中学校より安くなり、教育費は毎月約8万円です。義務教育時代は3〜4倍と大きかった公立と私立の差が、高校になると少なくなります。とはいえ、それでも2倍以上ありますから、子どもに合った進路に対応できるよう、親子で一緒に考えていきましょう。

高校時代に毎月かかるお金

		公立 高　校	私立 高　校
1年間	学校関係費用	28万円	72万円
	学校外費用	18万円	25万円
	合計	46万円	97万円
毎月の費用		3万8100円	8万800円

- 学校関係費用／授業料、修学旅行費、給食費、生徒会費、教科書費、クラブ活動費、制服代など
- 学校外費用／参考書、問題集、家庭教師代や学習塾代、芸術やスポーツの習い事の月謝、交通費など

※文部科学省「子供の学習費調査(2018年)のデータを基に計算。
※端数処理により、合計額が一致しない場合があります。

公立高校は4万円
私立高校は8万円
(無償化対象なら5万円)

「私立高校実質無償化」でお金の不安なく、私立が選択肢に！

さきほど高校の教育費を見ていただきましたが、公立高校に続き、私立高校の授業料も２０２０年に実質無償化が始まりました。最大年39万６０００円の負担がなくなるため、対象となる家庭では、学校関係費用の実質負担が年32万円と公立高校並みに下がります。進路の選択肢が広がりますね。

ただし、公立と同じく私立の無償化にも所得要件があります。一般的に年収で表されますが、実際は、住民税の決定通知書の「課税標準額×６％－市町村民税の調整控除額（概ね１５００円）」の夫婦合算額で判定されます。なお、判定基準の境界線上の家庭に役立つ制度がｉＤｅＣｏ（イデコ）です（１９８ページ参照）。ふるさと納税や住宅ローン控除の減税分はなかったものとして扱われますが、左ページの下の表のようにｉＤｅＣｏの掛金は考慮されるのです。

高校無償化制度の判定基準と具体例

無償化による支給額

親のどちらか1人が働き、高校生と中学生以下の子どもがいる4人家族の場合

	私立高校 39万6000円	この判定基準を超えると、公立・私立ともに授業料全額自己負担
	公立高校＆一定所得以上の私立高校 11万8800円	
世帯年収目安額	～約590万円	～約910万円
判定基準「市町村民税の課税標準額×6%－市町村民税の調整控除額（1500円）」の夫婦合算額Ⓐ	15万4500円未満	30万4200円未満

年収650万円のパパが、毎月2万3000円のiDeCoで老後資金を積み立てると、私立高校の給付金を満額受けられることも！

	年収650万円	
iDeCoで毎月2万3000円積立	なし	あり
判定額（上記の表のⒶ）	15万円6000円	13万円9440円
私立高校就学支援金の支給額	11万円8800円	39万円6000円

※配偶者控除、扶養控除、生命保険料控除、社会保険料控除は収入の15%として試算。

国公立大に入ったら、月5万円弱。私立理系で月12万円、私立医大だと月45万円！

教育費のピークは大学です。大学の学費は金額が大きく、毎月の家計の中でのやりくりは難しいため、子どもが小さいときから時間をかけて準備していきます。ここでも学費の〝ざっくり費用感〟をつかんでおきましょう。

まず、国立大学にかかるお金は、**入学金28万円、授業料は年額54万円です。実際の授業料は、前期・後期と2回に分けて納付**しますが、小学校から高校までと比べるために、月額でも計算してみました。**2年目以降の授業料を毎月負担額に直すと、月5万円**かかります。国立大学の授業料は文系・理系・医歯系共通ですから、医学部に進学する場合は、親は大助かりですね。

私立大学では、学部によって学費が大きく変わります。文系は月9万円、理系で月12万円、医歯系にいたっては、月45万円相当額が6年間続きます。

大学にかかるお金

	国立大学 4年間	公立大学 4年間
初年度	82万円	93万円
次年度以降	54万円	54万円
在学期間合計	243万円	255万円
毎月の費用 （2年目以降）	4万5000円	4万5000円

	私立文系大学 4年間	私立理系大学 4年間	私立医歯系大学 6年間
初年度	125万円	167万円	641万円
次年度以降	102万円	141万円	534万円
在学期間合計	431万円	590万円	3311万円
毎月の費用 （2年目以降）	8万5000円	11万7800円	44万5000円

※文部科学省「私立大学入学者に係る初年度学生納付金平均額（定員1人当たり）の調査（2018年）」「国公私立大学の授業料等の推移（2017年）」のデータを基に計算。

進路を見通すことが大事。一番安くすむのは、年少〜小学校

さて、これまで出産から大学まで、子どもの成長ごとにかかるお金をお伝えしてきました。〝ざっくり〟の費用感はつかめましたか？

次に見ていただきたいのは、子どもの成長と進路によってかかるお金の流れです。最も教育費がかかるのは、前ページで説明した大学ですが、「これから何年先に教育費のピークが来るのか」、「安くすむときはいつなのか」、など、すべての進路を通して確認しましょう。

教育費が安くすむ時期は、2回あります。まずは幼保無償化による小学校入学前の3年間です。この間は習い事を合わせても年間で20〜30万円です。次に、公立小学校も年32万円と比較的安くすみますから、貯蓄ができる時期ですね。

高校までの1年間の教育費

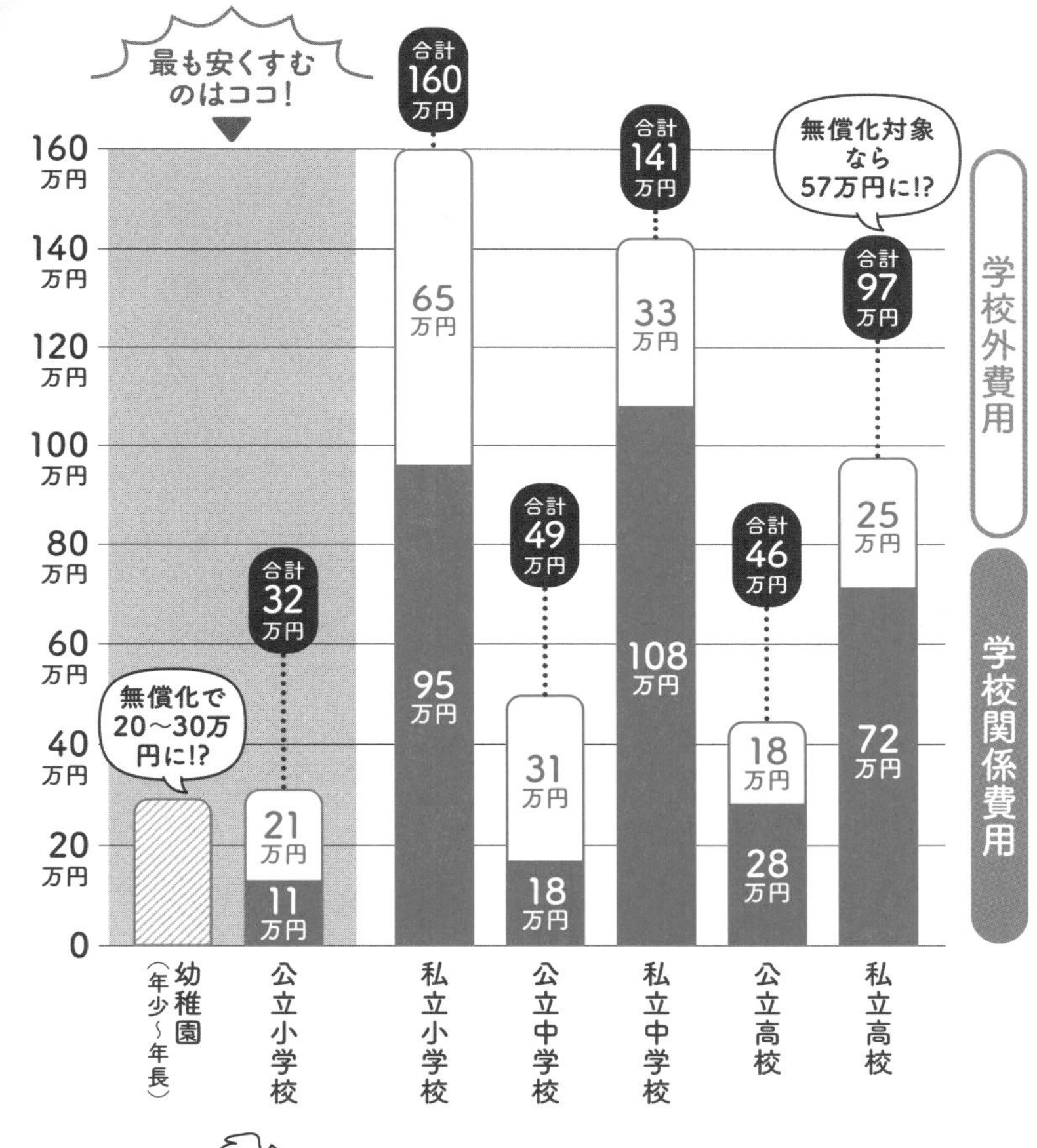

※文部科学省『子どもの学習費調査（2018年）』のデータなどを基に計算。
※幼稚園（年少〜年長）時の数字は推計値。詳細は17〜19ページ。
※端数処理により、合計額が一致しない場合があります。

Column

「子どもができたら学資保険」ウソ・ホント

「学資保険」人気は、高金利時代に子育てをした親世代の〝刷り込み〟

子どもが生まれたとき、親や祖父母から「教育資金といえば学資保険」と、学資保険を勧められた人も多いのではないでしょうか。

学資保険は教育資金を貯める手段として広く知られていますが、そのイメージは、親世代の高金利時代につくられたもの。

今は、支払った保険料よりも受け取る満期金の方が少ない、いわゆる元本割れする学資保険が増加しているため、**「教育費イコール学資保険」とはいえない時代に入っています。**

例えば、200万円の満期金がもらえる18歳満期の学資保険をパパが契約したとします。保険料をコツコツと保険会社に積み立てて、将来子どもが18歳になったときに、満期金の200万円を受け取ります。これが学資保険の「貯蓄機能」です。

もしも満期までの間にパパが死亡した場合は、その後の保険料の支払いは免除され、子どもが18歳になったときに、予定通り200万円の満期金がもらえます。これが「保障機能」です。(万が一、子どもが死亡したときには、保険料の積み立て相当額の死亡保険金がパパに支払われます)。

あなたの親世代のときには、「保障機能」がありつつ、「貯蓄機能」が充実していたのですが、今は学資保険で教育費を貯める時代ではなくなってきました。

「でも、親が亡くなったときは、その後の保険料を払わなくても満期のお金がもらえるんでしょ?」という「保障機能」はその通りですが、親の死亡保障が必要なのであれば、他の保険で親の死亡保障を充実させたらよいだけです。貯蓄のつもりで元本割れの保険を選ぶことがないようにしてくださいね。

「元本割れする学資保険」を選ばないために

次のページの表をご覧ください。これは、実際に発売されている学資保険です。商品AもBも、子どもが18歳になるまで毎月保険料を払い、大学生になるときに、一度に200万円の満期金を受け取る商品です。そのために支払う保険料総額を比べると、Aは198万円なのに対して、Bは210万円以上支払います。Bがいわゆる「元本割れ学資保険」で、支払ったお金より少ない額しか受け取れないのです。Cも同様に元本割れしていますね。

ここで読者の皆さんに、元本割れ学資保険の見極め方法をお伝えします。やりかたは簡単です。

今のように、**「支払う保険料の合計額（毎月の保険料×12カ月×年数）」と、「保険会社から受け取る給付金の合計額」、この2つを比べるだけです。**加入を考える前には必ず確認してくださいね。

なお、学資保険に子どもの医療保障がついていたり、親が死亡した場合に満期金とは別にお金を受け取れる育英年金保障などがついていると、元本割れの可能性が一気に高まります。実際のご相談者を見ていると、加入したご本人が気づいていないことが多いので要注意です。

また、商品は随時変更されます。同じ保険会社、同じ学資保険の名前だったとしても、上の子のときには増えたのに、下の子のときは元本割れしていることもあります。毎回、加入前に確認してくださいね。

でも、学資保険の「貯める強制力」は重要

では、学資保険の魅力はないのでしょうか？

昔のように大きく増えて戻ってくることが少ないとはいえ、「自動的に貯める強制力」と、子どもの教育費に手をつけてはいけない、という「取り崩しを防御する力」はあると思います。

ただし！　それには、「支払った保険料よりも多い満期金が受け取れる商品を選ぶ」という必須条件付きです。賢く選択してくださいね。

学資保険は元本割れすることも

保険会社	A	B	C
受け取り時期と金額	大学入学時 200万円	大学入学時 200万円	高校40万円 大学入学時 80万円 大学2･3･4年生 40万円
受け取り総額	200 万円	200 万円	240 万円
支払い総額	198万2880円	210万8160円	249万3504円
返戻率	100.9%	94.9%	96.3%

学資保険のメリット

- 保険会社を通じて教育資金目的の積み立てができる
- 保険料を自動的に積み立てることができる
- 契約者（保護者）が死亡した場合、それ以降の保険料を支払わなくても、将来満期金を受け取ることができる
- 心理的に解約しにくく、計画的に貯めやすい
- 商品によっては、支払った額より多くの満期金をもらえる

学資保険のデメリット

- 保険料の支払い途中で解約すると、元本割れする
- 低金利時代なので、商品によっては満期時でも元本割れする
- 医療特約や育英年金がついた学資保険に加入していることに気づかず、元本割れリスクを高めている場合がある
- 加入したときの予定利率（金利のようなもの）が保険金の受け取り時期まで続くので、景気がよくなったときの恩恵を受けにくい

子どもの教育費は、「三角形＋四角形」で用意する！

必要な教育費は、子どもの成長に応じて異なることを、おわかり頂けましたか？　ここからは、教育費の準備方法についてお伝えします。

私が皆さんにオススメしたい簡単な方法は、「三角形＋四角形」という考え方。左の図を見てください。大学費用はまとまったお金が必要でしたよね。そこで、子どもが生まれたときから中学校を卒業するまでの15年間、**児童手当を積み立てます。これが三角形部分です。児童手当を合計すると約200万円貯まります。**これだけあれば、国立大学4年間分の授業料になりますよ。

そして、児童手当の積み立てとは別に、幼・保園から高校卒業までの教育費は、**毎月の家計からやりくりします。これが四角形部分です。教育費は、貯めるのも、出ていくのも毎月コツコツ。**「三角形＋四角形」で乗り切りましょう！

学費は「三角形＋四角形」！

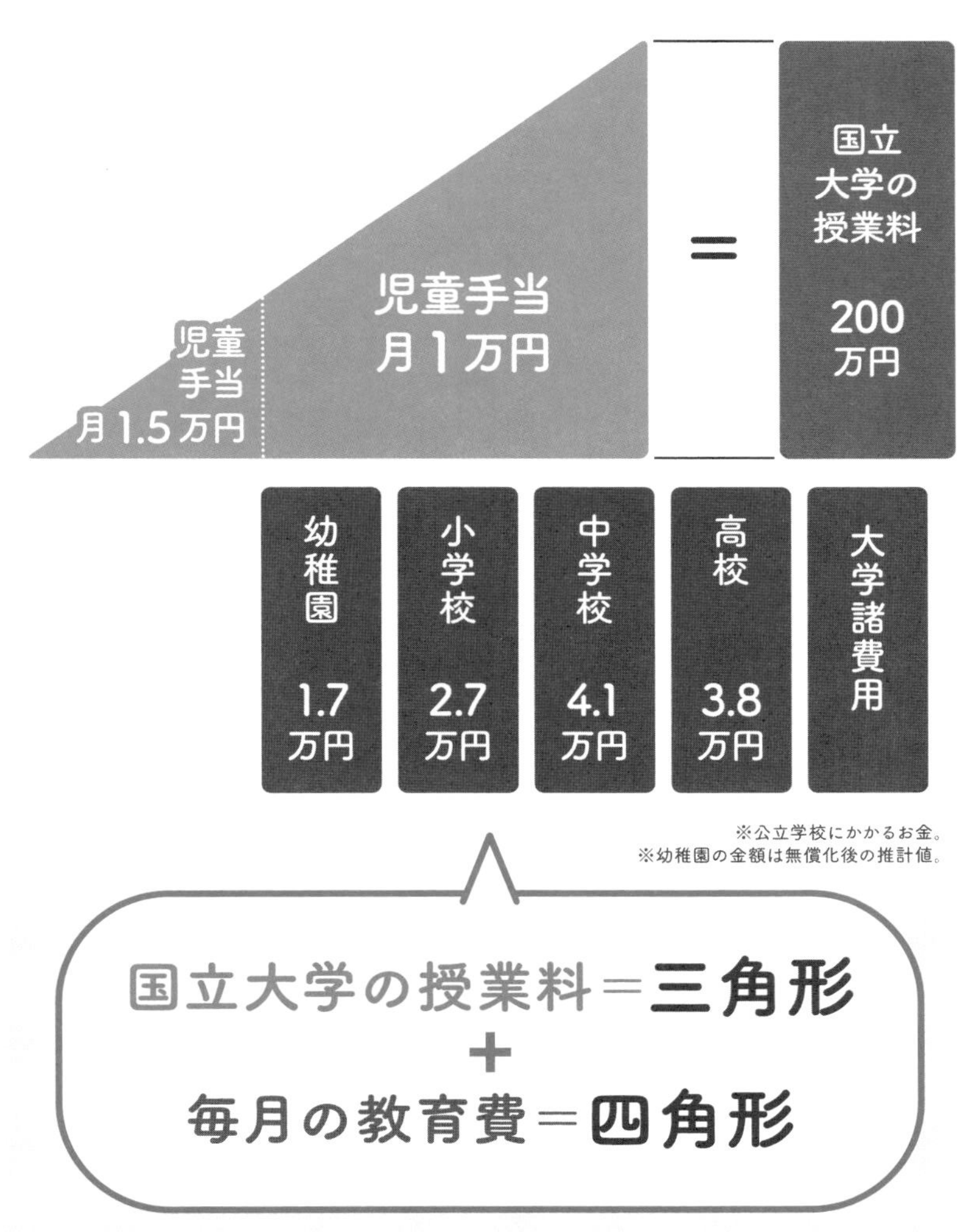

※公立学校にかかるお金。
※幼稚園の金額は無償化後の推計値。

国立大学の授業料＝三角形
＋
毎月の教育費＝四角形

⬅ 次ページから詳しく解説！

大学の授業料は「児童手当」を「自動積立」。200万円貯まるから安心！

前のページでご紹介した「三角形＋四角形」で教育費を用意する方法のうち、ここでは三角形の「国立大学の授業料」部分について詳しくお伝えします。

子どもの誕生とともに国から支給される児童手当は、月1万5000円（3歳から中学生までは月1万円）。**その児童手当を、すべて大学費用として、自動的に（強制的に）積み立てます。**

すると、0歳から3歳になるまでの3年間に54万円貯まります。そして3歳から中学3年生になるまでには、144万円が貯まります。合計すると、中学校卒業時には198万円、そう、**約200万円が貯まっています。**国公立大の4年間の授業料の合計が214万円ですから、ほぼまかなえますね。

児童手当専用の口座を作り、その通帳に子どもの名前を書いておきましょう。

大学にかかるお金の貯め方

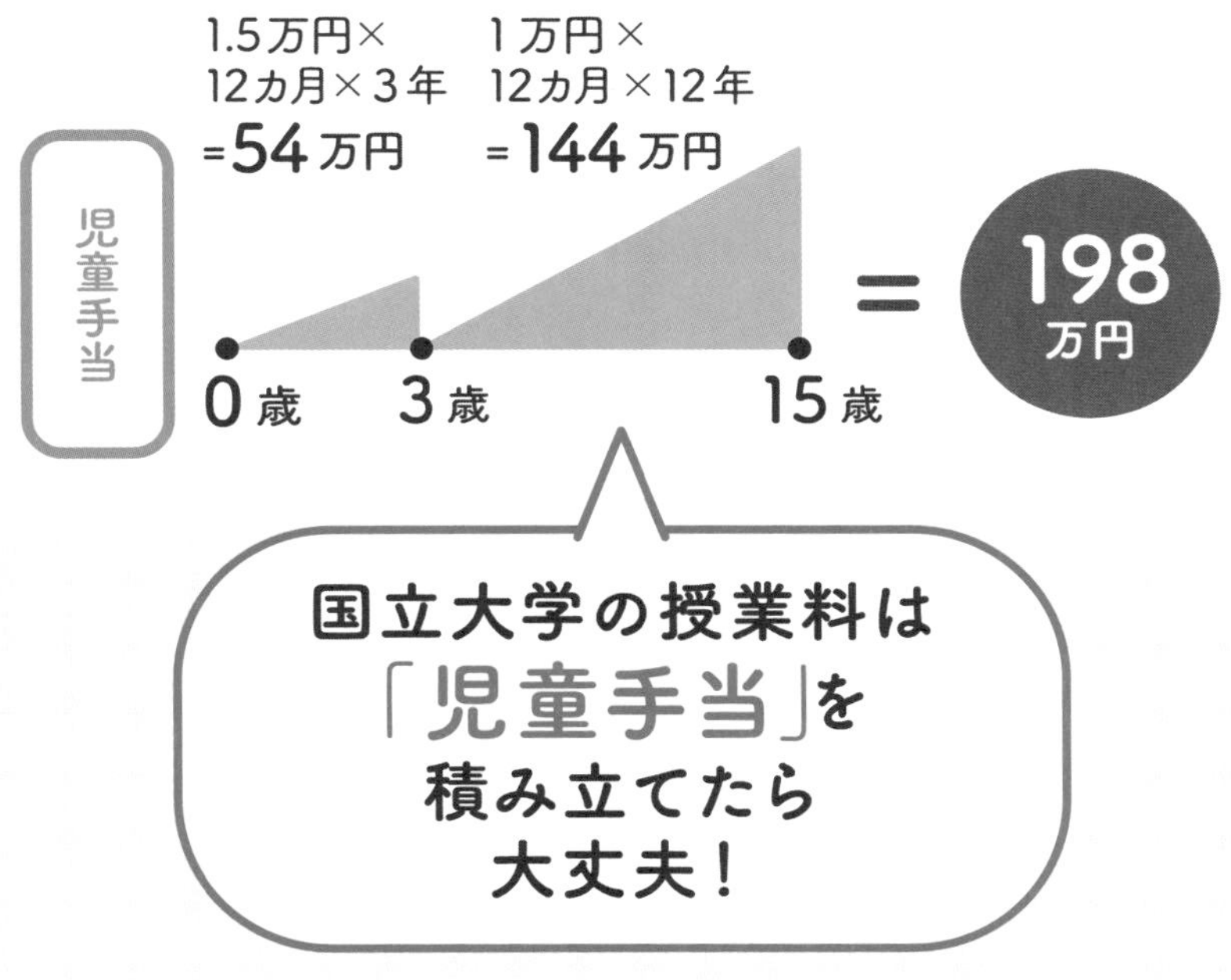

	入学金	4年間の授業料
国立大学	28万円	214万円

※「国立大学の授業料その他の費用に関する省令」の標準額に基づく額を設定。

私立大学へ進学する場合はどうするの？

私立大学に進学する場合、国公立大学用に貯めた約２００万円だけでは足りません。私大文系４年間で約４３０万円必要なのです。

そこで、児童手当の三角形貯蓄で積み立てた約２００万円に、あと２００万円をプラスして準備します。

この残り約２００万円の不足を解決してくれるのが、やはり、**三角形**です。**子どもが誕生してから毎月コツコツ1万円を積み立てます。**18歳になるまでの間、毎月１万円の積み立てをすると、合計２１６万円が作れます。児童手当の積立金と合わせると、約４００万円が貯まります。これなら、私立大学の学費に手が届きますね。毎月１万円をコツコツ積み立てることが、**一番ストレスがなく、計画的に貯まるので、ぜひ、実践してください。**

なお、このお金は、私立大学に行かなかったとしても、**海外留学や下宿費の仕送り、将来の子どもの結婚式の費用**など、いろんなことに使えますよ。

「児童手当＋月1万円」で私立大学資金を準備する

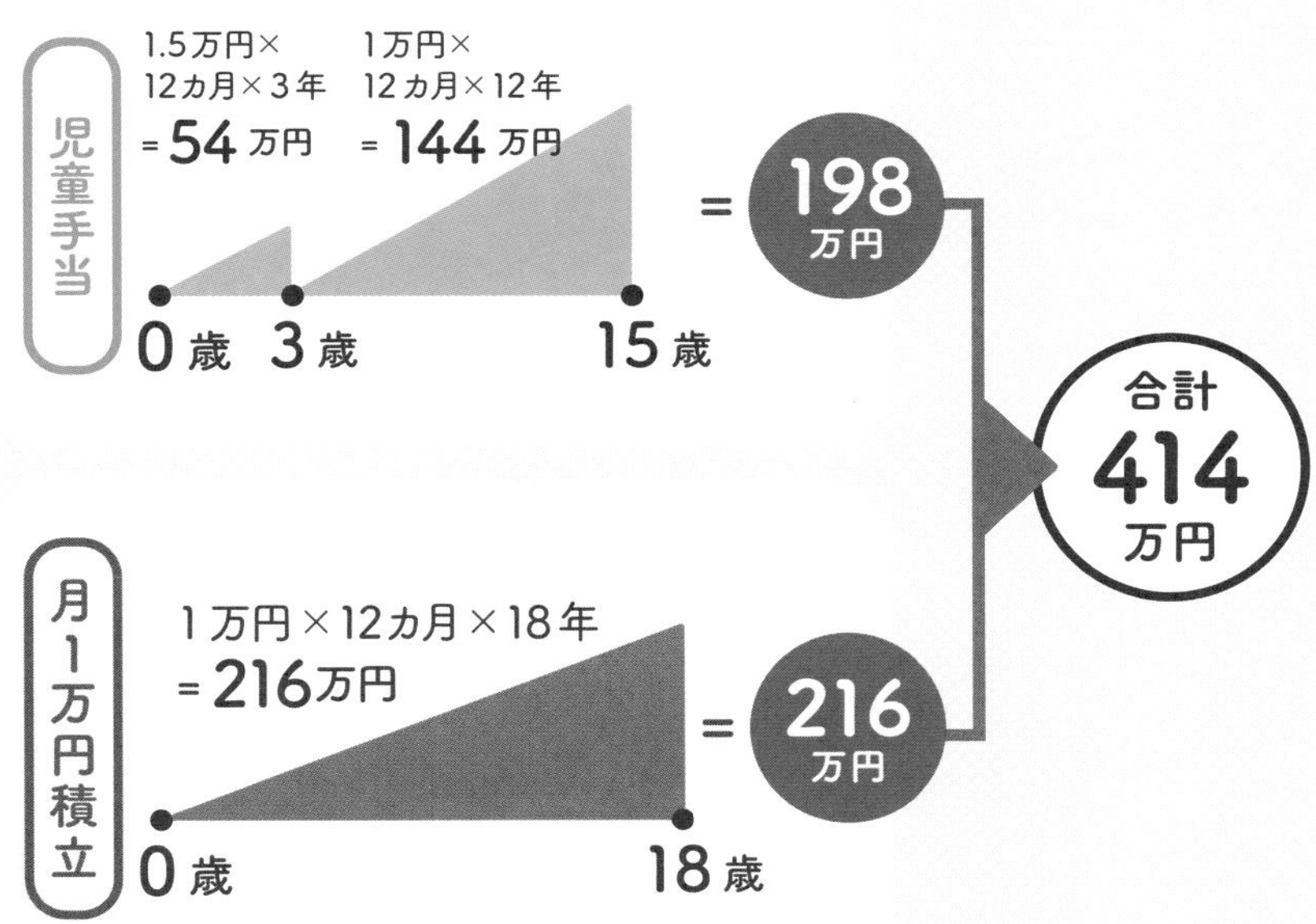

	私立 文系大学 4年間	私立 理系大学 4年間
在学期間合計	431万円	590万円

※文部科学省「私立大学入学者に係る初年度学生納付金平均額（定員1人当たり）の調査（2018年）」のデータを基に計算。

子どもの「習い事」って、どのくらいお金がかかるの？

子育てをしていると、同じクラスの子がどんな習い事をしているのか、気になるようです。特に今の時代の習い事はバラエティに富んでいますから、親としては、子どもの興味や才能を伸ばしてあげたい気持ちになるでしょう。

そこで、文部科学省の調査と、日経ＤＵＡＬ編集部によるアンケート調査から、子育てファミリーの今どきの習い事事情を見てみましょう。

３歳から習い事スタート！

日経ＤＵＡＬが行った共働きパパママに向けてのアンケートでは、習い事を始めたのは「３歳」が最も多く、次いで「年中」と続きます。小学校に上がる前から習い事を始めているのがわかりますね。

さらに、どんな習い事をしているか人気ランキングを調べてみると、１位は

習い事、みんなは何をやっている？

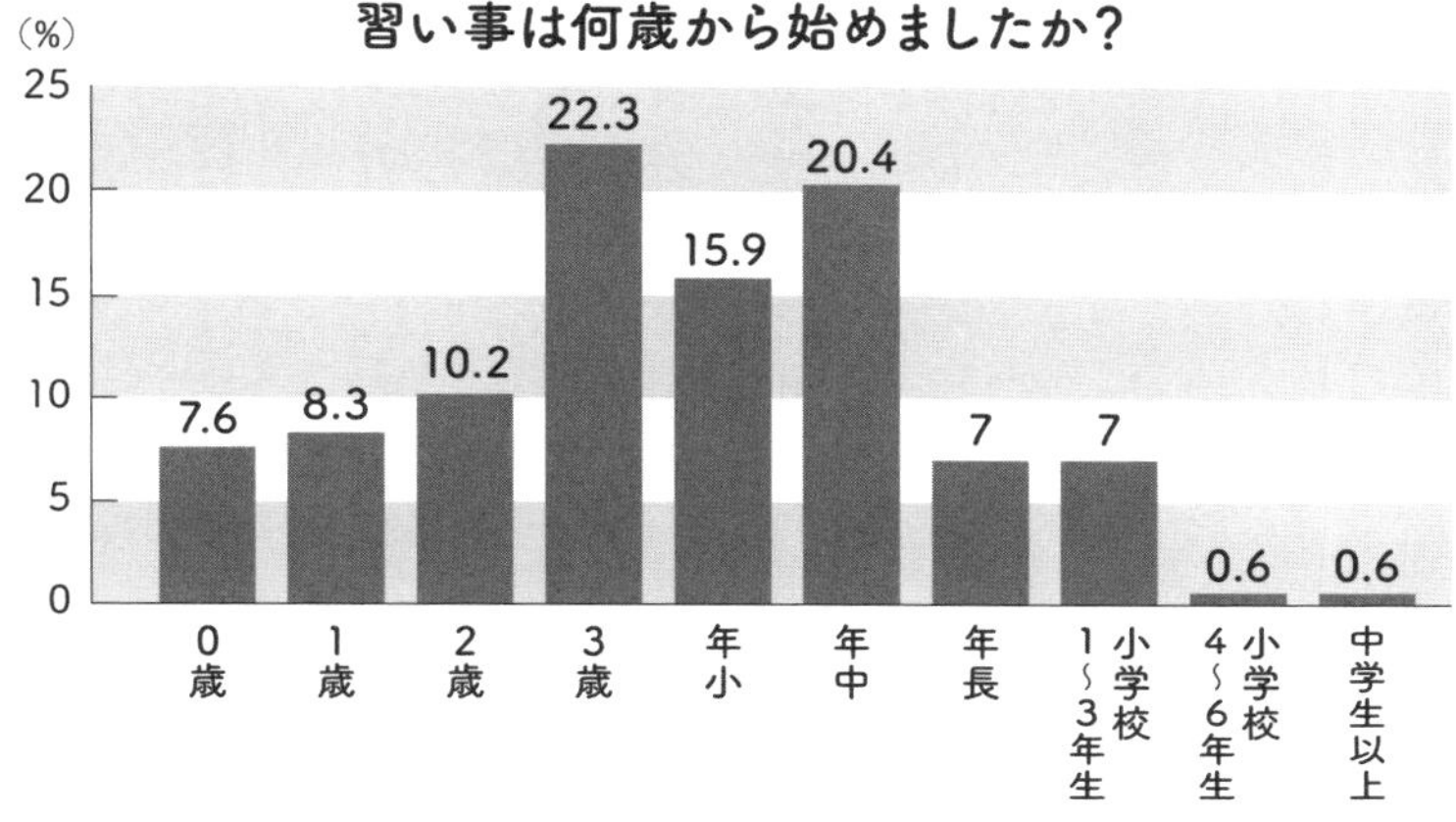

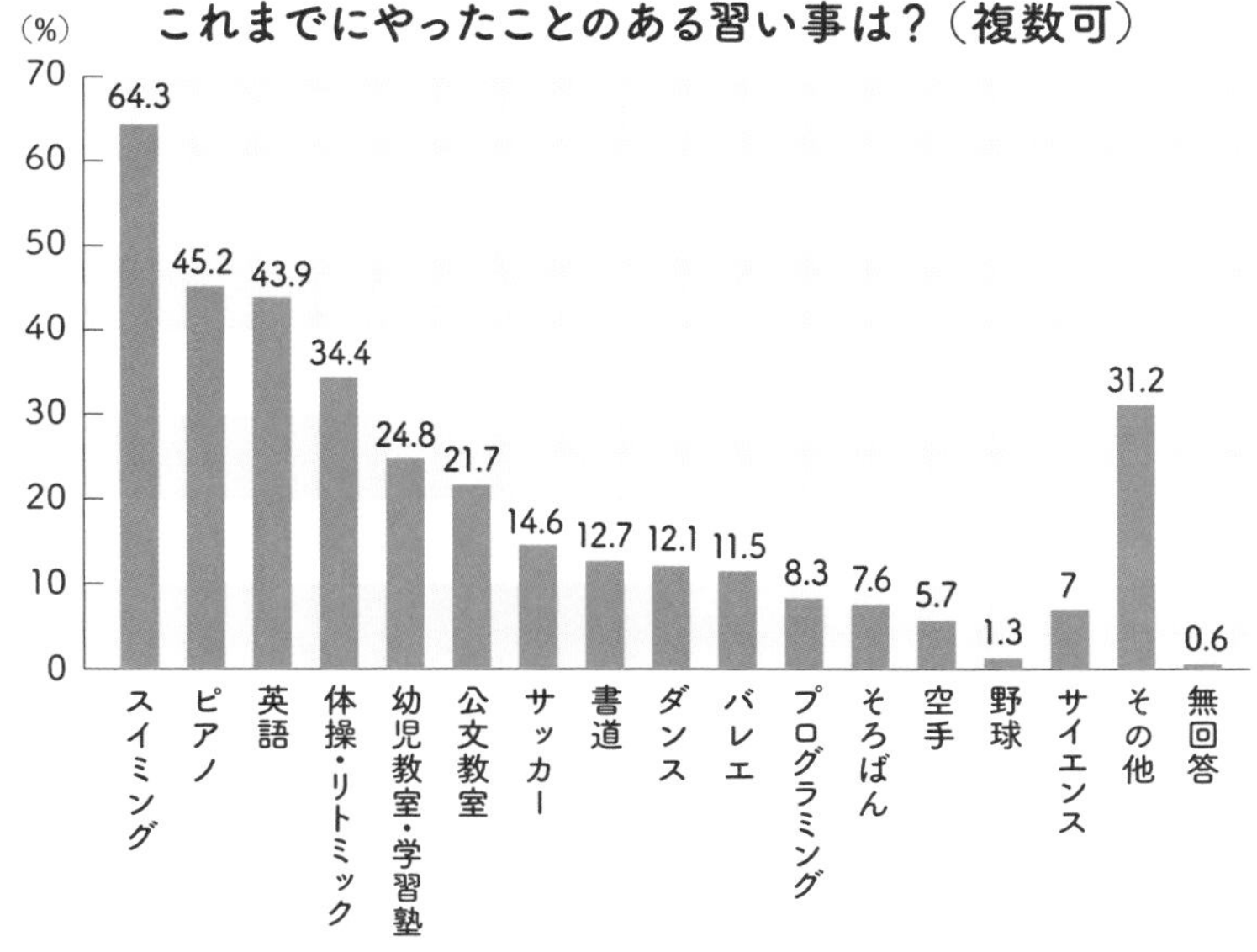

※日経DUAL　2017年10月号特集「習い事調査2017」より。

64・3％で「スイミング」、2位は45・2％で「ピアノ」、3位が43・9％で「英語」でした。また、この数年で人気が高まっている「プログラミング」や、昔からの定番である「そろばん」など、様々な習い事が続きます。

公立の小学生の習い事は「ひと月1万8000円」が平均的

文部科学省の調べによると、塾や習い事などにかかる「学校外費用」の平均額は、小学校と中学校時代が高くなっています。ひと月にかかる金額に直すと、公立小学校は1万8000円、公立中学校は2万6000円でした。

具体的な習い事の費用は、左の表の通りです。

習い事1つあたり5000円～1万円というのがリアルな数字。小学校時代は子ども1人につき、2～3種類の習い事をしているのが平均的な姿のようです。

人気の習い事費用

1位／水泳 … 1000円～8000円／月

2位／ピアノ… 3000円～7000円／月

3位／英語 … 5000円～1万円／月

■プログラミング… 5000円～8000円／月
■そろばん… 2000円～4000円／月
■サッカークラブ… 1500円～5000円／月

※日経DUAL　読者調査2016年より。費用は典型的な金額の幅を出した。

	年間平均額	毎月の費用
公立幼稚園	8万円	0.7万円
公立小学校	21万円	1.8万円
公立中学校	31万円	2.6万円
公立高校	18万円	1.5万円

※文部科学省『子供の学習費調査(2018年)』のデータを基に計算。

ウチは、子ども2人を育てられる？ 公立中高なら、1人で月4万円、2人で月8万円

赤ちゃんは何人いても可愛いものですが、現実となると、「**もう1人産んでも育てられるかな？**」と教育費が気になるご夫婦は少なくありません。

「高校生までで一番お金がかかる時期はいつ、いくらなのか」と、**具体的な金額を知ることで、その対応策を**一緒に考えましょう。

左の表を見てください。2歳差できょうだいがいる場合、公立学校に通うひと月の最大教育費の組み合わせは、2人なら8万円、3人なら12万円です。

家計が苦しいから無理かも…と心配になった人は、今の収入だけで考えていませんか？　子どもが中学校に通うまで10年あれば、そのときには給料が上がったり、ママも仕事をしている可能性が高くなります。将来、1人あたりひと月4万円の収入をつくれば、教育費の不安はなくせるのです。

きょうだいが増えたときの学費は？

子どもの人数	教育費が最大になる年齢の組み合わせ	公立学校でひと月にかかる教育費の合計額
1人	中3	4万700円
2人	中3、中1	8万1400円
3人	高2、中3、中1	11万 9500円

「公立と私立」で教育費はこんなに違う！

「公立と私立」で1400万円もの差！

都市部でよく話題に上がる「私立の受験」。早いご家庭では私立幼稚園や小学校の「お受験」もありますし、小学生から塾に通って私立中高一貫校を受験する「中学受験」もあります。特に、親自身が私立学校に通っていた場合は、自分の子どもも受験をさせて、私立に通わせたいと思う方が多いようです。

第二子の教育費が苦しい…笑えない話

私のところにも、「私立受験するか、しないか」を教育費の面から相談に来るファミリーがいらっしゃいます。幼稚園・保育園から大学まで、5つの学校を進路選択するわけですから、**前もって公立と私立でどのくらいの費用の差があるかを知っておくことは重要です。**特に、きょうだいがいるご家庭の場合は、上の子を何となく私立に入学させてしまうと、あとから「え…っ、こんなに教育費がかかるの（泣）」と慌ててしまい、**第二子の教育費を十分に準備できない、なんていうお話もあります。**

次のページに、幼稚園から大学まで、公立と私立でかかるお金の総額を比較したグラフを作ってみました。

まず驚くのが、私立小学校を選んだ場合の公立との差でしょう。

私立小学校に通っている6年間だけで960万円も必要なのです。そして、中学校が422万円、高校が291万円と続きます。あくまで傾向ですが、小学校や中学校から私立に通っていたお子さんは、大学も私立に行くことが多いです。その場合は大学も

公立と私立、1カ月の学費はどれくらい違う？

子どもの教育費：幼稚園～高校編

	幼稚園		小学校		中学校		高校	
	公立	私立	公立	私立	公立	私立	公立	私立
学校関係費用	1万円	1万円	0.9万円	7.9万円	1.5万円	9万円	2.3万円	6万円
学校外費用	0.7万円	1.4万円	1.8万円	5.4万円	2.6万円	2.7万円	1.5万円	2.1万円
1カ月の合計	1.7万円	2.4万円	2.7万円	13.3万円	4.1万円	11.7万円	3.8万円	8.1万円

子どもの教育費：大学編

1カ月換算した場合	国立大 4年間	公立大 4年間	私立大文系 4年間	私立大理系 4年間	私立大医歯系 4年間
初年度	6.8万円	7.8万円	10.4万円	13.9万円	53.4万円
次年度以降	4.5万円	4.5万円	8.5万円	11.8万円	44.5万円

教育費の総額

公立コース
幼稚園から大学まで
オール公立の場合（国立大学）
約 **780** 万円

私立コース
幼稚園から大学まで
オール私立の場合（大学文系）
約 **2190** 万円

	幼稚園3年間		小学校6年間		中学校3年間		高校3年間	
	公立	私立	公立	私立	公立	私立	公立	私立
在学期間合計	61万円	86万円	193万円	959万円	147万円	422万円	137万円	291万円

	国立大 4年間	公立大 4年間	私立大文系 4年間	私立大理系 4年間	私立大医歯系 6年間
在学期間合計	243万円	255万円	431万円	590万円	3311万円

※文部科学省『子供の学習費調査（2018年）』
文部科学省「私立大学入学者に係る初年度学生納付金平均額（定員1人当たり）の調査（2018年）」
国公私立大学の授業料等の推移（2019年）などのデータを基に計算
※幼稚園の数字は無償化後の推計値　※私立高校は無償化対象外の世帯の場合
※端数処理により、合計額が一致しない場合があります。

文系で431万円、理系だと590万円かかります。

オール私立だと2190万円

もしも幼稚園から大学（文系）まで、すべて私立学校に進学したとすると、その総額はなんと2190万円にもなります。この進学コースをきょうだい2人とも目指すとなれば、4380万円。家が一軒買えそうな金額ですね。

では、公立コースとの差額はどのくらいになるでしょうか？　幼稚園から大学（国立大）までを公立に通ったとすると、総額は780万円です。つまり、オール公立だと、幼稚園から大学まで通っても、そして、平均的な塾や習いごとを含めても、オール私立よりも1410万円も低額です。私立小学校の6年間959万円より安くすむのです。いかに、オール私立にお金がかかるかよくわかりますね。

進学は、子ども一人ひとりの希望や将来の夢などをじっくりと聞きながら、親としては幅広く選択させてあげたいものです。そのためにも、受験をするかしないか決定する際は、家族でよく相談してからにしましょう。

また、子どもの教育費を考える際には、教育のことだけでなく、家計のやりくりやママの就労、住宅や老後まで考えるのが、今の時代のマネープランの常識です。

「子どもにできるだけのことをしてあげたい」という想いだけで突き進むのではなく、時々は立ち止まり、夫婦で落ち着いて話し合いをしてみてください。子どもも親も、全員が納得できる子どもの教育プランを見つけましょう。

「ウチはお金がないから子どもは産めない」は誤解です

まとめの名言！

月4万円あれば大丈夫。大学まで行けます

高校卒業までの期間で最も教育費がかかるのが中学校。その中学校時代も、公立なら毎月4万円あれば塾や習い事にも通えます。児童手当を積み立てた200万円があれば、国公立大学の授業料が準備できるので、大学費用も乗り切れます！

「学資保険」はほとんど増えない。減るかもしれません

まとめの名言！

私たちの親時代の学資保険とは変わりました

子どもが18歳のときに受け取る「満期金」は、このところの低金利によって、払い込み保険料より少なく「元本割れ」するケースも。教育資金として準備するなら、払った金額より増えるのか確かめて！

公立か私立か、何となくで決めない。1人1400万円の差！

まとめの名言！

きょうだいがいる場合は、受験の前に教育費の総額を把握しましょう

受験率が高い地域や親が私立学校出身の場合、何となく「ウチも私立」となりがちです。でも、公立と私立の学費の差は総額1400万円になることも。きょうだいがいる家庭は、第二子以降の学費も考慮して決めましょう。

奨学金利用の可否は高校1年生から！

奨学金の申し込みは大学合格後！と思っていたら大きな間違い。日本学生支援機構（旧：日本育英会）の奨学金を、無利子で入学直後から利用したい場合、その申し込みは高校3年生の春なのです（秋の募集は有利子のみ）。そして、無利子で借りるためには評定平均値3.5以上という成績要件も。この成績は、入学から申し込み時点のため、高校1・2年生の成績がベースです。無利子奨学金の選択肢を残しておくためにも、高校入学時から子どもに意識させておくことが大事ですね。

第2章

ウチはどう貯める？ どこまでお金をかけられる？

24年間のロングスパンでお金を使ったり、貯めたりしよう!

第1章では、「教育費っていくらかかるの?」という疑問にお答えして、大学までの学校と平均的な習い事にかかる大まかな金額をお伝えしました。

第2章では、「ウチはこんな子育てがしたい」「こんな教育方針でいきたい」という個別の想いを反映しながら、希望の進路にかかる教育費の金額と貯め方をお伝えしていきます。あなたが望む理想の教育環境には、いくらかかるのか、そしてそれをどのようにして叶えるのか、現実的に計算していきましょう。

ポイントは、**第一子妊娠から子どもの大学卒業までの約24年間の「貯めどき」と、「使いどき」を知ること。**子育て家庭では、メリハリのある家計プランが欠かせません。**節約すべきときは賢く節約し、使うときは賢く使う。**そんな賢い幸せ家族のお金のルールをご紹介していきましょう。

○×中
002 035 062 081 103 118
004 036 063 092 106 119
011 041 066 093 112 120
015 044 072 094 114 125
017 045 077 095 115 126
034 050 079 102 116 127

子育て中でも、入学前・小学校・大学と「3回」の貯めどきを逃さない！

「子どもにお金がかかって、貯蓄ができない」と相談にいらっしゃるご夫婦は少なくありませんが、ストレスに思わなくても大丈夫！

左の図の通り、子どもの成長ごとに必要な教育費とライフプランをつなげると、子育て家庭には、「3回の貯めどき」があるのです。

3回の貯めどきとは、出産から小学校入学までの時代と、「小学校時代」、そして「子どもが高校を卒業して親が退職するまでの期間」です。この3回の貯めどきを活かせるのが賢い家族ですから、ぜひ覚えておいてください。ウラを返せば、この3回の貯めどきを逃すと、あとは〝出費の嵐〟です。余裕を持った貯蓄ができなくなりますから、くれぐれもご注意くださいね。

3回の貯めどきを逃さない！

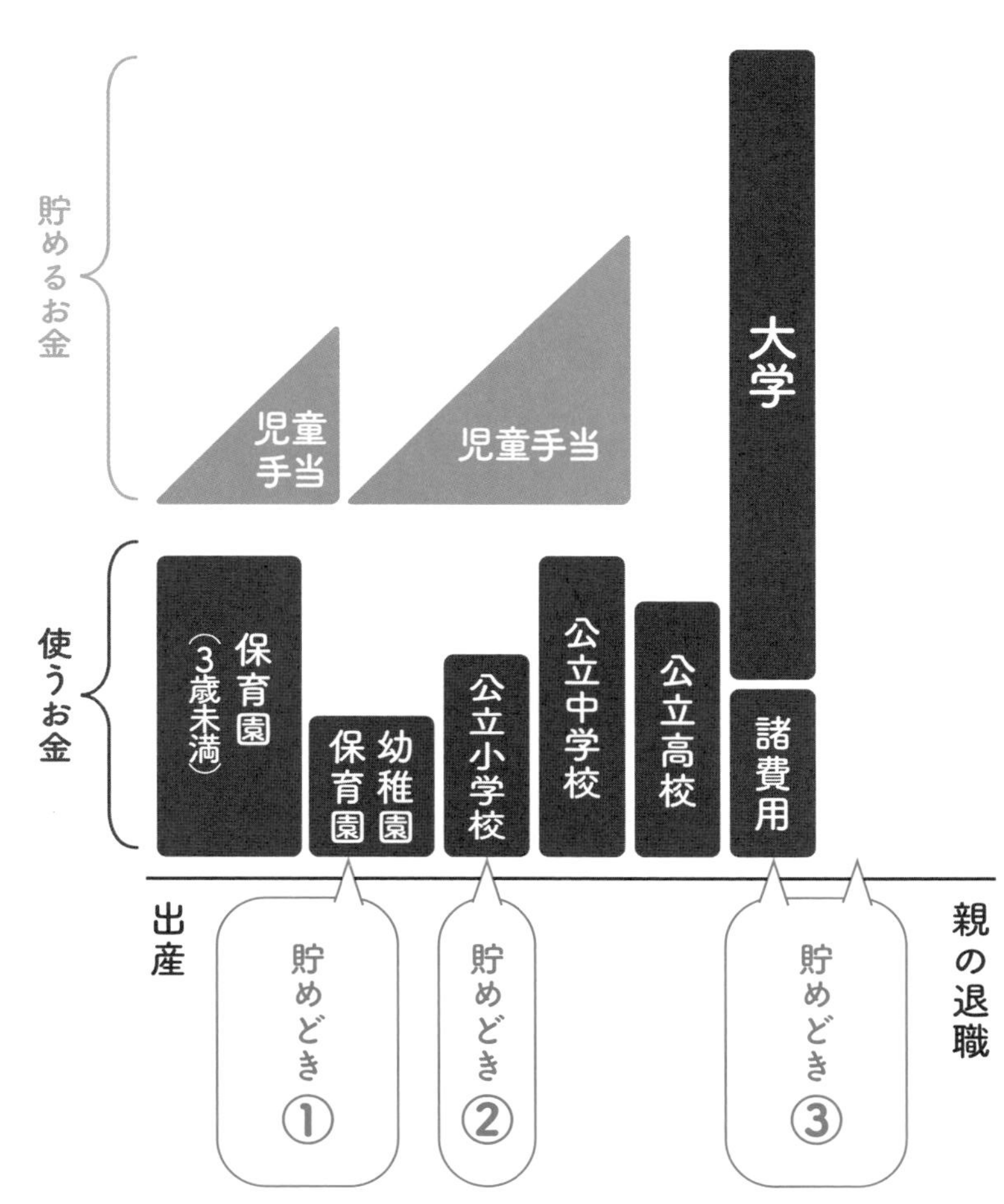

1回目の貯めどきは「入学前」。毎月3万円を〝赤ちゃん貯金〟に

最初の「貯めどき」は入学前。子どもが生まれてから入園までの間に行う**毎月3万円の〝赤ちゃん貯金〟を習慣化**しましょう。

1歳で保育園に入園する場合、それまでに貯まるお金は36万円です。無償化が始まったら「それまでの保育料がかかっているつもりの差額貯金」を行いましょう。仮にそれが2万円だとすると、小学校入学までの3年間に合計で72万円貯まりますから、入園前のお金を合わせると108万円。進学準備費用や大学の入学金、受験費用として使えますね。

幼稚園なら入園までの間に毎月3万円貯めて、入園後はやはり「保育料がかかっているつもりの2万円の差額貯金」をする場合、合計180万円貯まります。これなら、私立大学理系に進む場合のお金も準備できそうですね。

1回目の貯めどきは「入学前」

「毎月3万円＝教育費」の感覚を習慣化！

保育園

〈入園前〉
月3万円×1年間＝ 36万円
〈無償化後〉
月2万円×3年間＝ 72万円
計 108万円

↓

進学準備費用、大学の入学金、受験費用

幼稚園

〈入園前〉
月3万円×3年間＝ 108万円
〈無償化後〉
月2万円×3年間＝ 72万円
計 180万円

↓

私立大学理系準備費用にも

2回目の貯めどきは「小学校」無計画なレジャーで後悔しない！

子育て期の2度目の「貯めどき」が、小学校です。

公立小学校に通う場合は、学校関係費用と平均的な塾や習い事などの費用をあわせて、毎月約3万円みておけば大丈夫です。

子どもの成長にほっとしますが、ここが要注意！

最もありがちなのが、なんとなくの外食費や無計画なレジャーで散財するパターンです。

小学生になる頃には、大人と一緒のペースで外出ができるようになります。特に週末は、子どもの習い事でおでかけをしたついでのランチや夕飯の外食が頻繁になりがちで、おまけに、子どもが食べる量も一人前になります。さらに、子ども向けのイベントや体験会などは、週末ごとにあの手この手と誘惑があふ

2回目の貯めどきは「小学校時代」

小学校時代によくある
無計画なレジャー＆外食

食費 レジャー費

ハンバーガーショップで2000円、
回転寿司で5000円…

今しか体験できない
家族のレジャー＆イベント

幼い頃の思い出

キャンプ用品、
家族旅行、
テーマパーク…

れていきます。「せっかくだから1回やってみる？」が無計画に増えていませんか？

計画的ならOK、でも無計画は後悔に

家族の楽しみとして、レジャーにお金を使うのはもちろん素敵なこと。

でも、無計画な出費はダメです。例えばハンバーガーショップで「週に1回、1人500円の安いセットだから」と思っていても、一家4人なら2000円の出費です。毎週続ければそれだけで月1万円弱の出費になります。

もちろん、「毎週のハンバーガーショップでの外食が何よりの楽しみなの！」というのなら、この1万円は大事な支出ですから、続けてください。でも、「お昼どうする？　ハンバーガーにでも行く？」というようなだらだら出費で、月1万円を使うのはもったいないと思いませんか？　それならば、毎月の外食予算は1万円と決めてしまって、「今月は贅沢に焼肉に行こう！」など、とびきりの食事を企画したほうが、賢くお金を使えますよ。

その一方で、「お金が貯まるまでは我慢、我慢」と、出費をできる限り最小限

に控えて、大切な機会を逃すケースもあります。

例えば「お金に余裕ができたらキャンピングカーを買って、子どもたちとたくさん旅行しよう！」と思っていても、お金が貯まった頃には子どもはすでに中学生。部活や友達との遊びに忙しく、親との旅行を喜ばない年齢になっていた…なんていうこともあります。

子どもと一緒に暮らしていても、子どもが中学生になると、家族で過ごす時間は激減します。小学校時代の貯めどきは、将来に後悔のないように、「だらだら出費は引き締めて」、「子どもと過ごす時間にはお金をかけて」と、**自分たちならではの支出のメリハリルール**をつくりましょう。それが、お金もこころも満足する家計のやりくり術です。

3回目の貯めどきは「大学入学後」から定年まで
末子が大学入学したら「月4万円貯蓄」を！

ママとパパが不安に思う大学費用は、第1章でご紹介したとおり、「児童手当＋月1万円積立」で400万円準備できていますし、子どもが生まれてから入園するまでの貯蓄、さらに満3歳からの幼保無償化が始まってもかかっているつもりの差額貯金を合わせると、大学受験時には合計500万～600万円のお金があります。計画的にコツコツ積み立てをしていれば、教育費を恐れることはないのです。

そして、子どもの大学入学後から退職までの間は、これまで高校教育費としてかかっていた金額をそのまま「月4万円貯蓄」として続けませんか？ 人生でお金がかかるのは、教育費だけではありません。この3回目の貯蓄が、100年人生と言われる長生き時代の老後の糧に変わります。

3回目の貯めどきは「大学入学後」

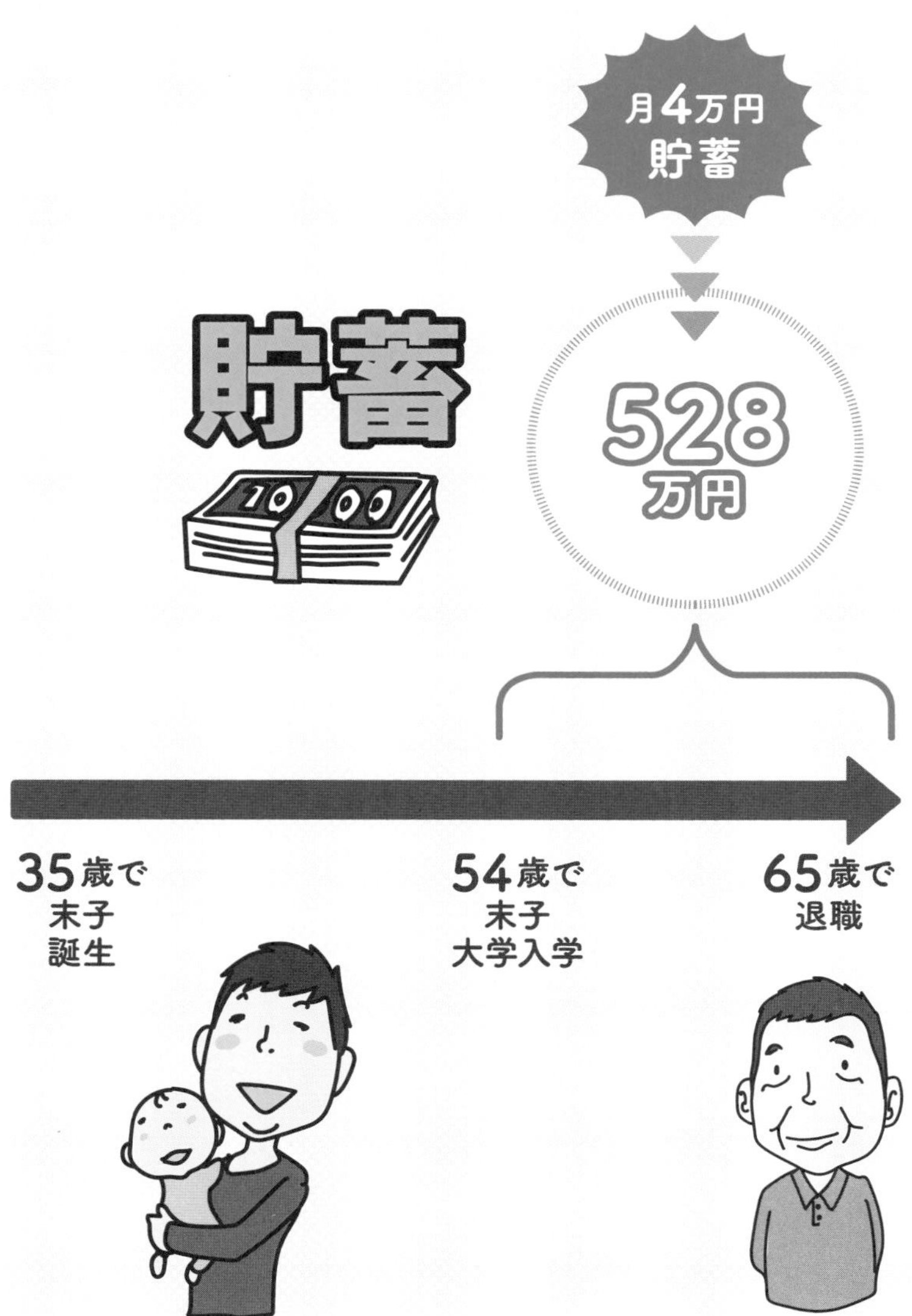

大学卒業後は「子育て終了〜！」と気持ちがゆるんで散財しがち。老後に向けた貯蓄計画をスタート！

子どもが大学を卒業して就職、あとは入社式を迎えるばかり…となると、「いよいよ子離れの時期ね」とすがすがしく、解放的な気分になることでしょう。実際に子育てを卒業したご夫婦を見ていても、お友達とのバスツアーに始まり国内外の旅行、コンサート、ゴルフ、リフォーム…などなど、これまでの分を取り返すぞと言わんばかりに、出費が増えるご家庭があります。

でも、定年までの年数を数えてみてください。

意外に短くありませんか？　子どもの教育費がかからなくなってから退職までの間は、子育てファミリーにとって貴重な期間です。この期間が老後資金の準備のラストスパートとなるのです。

「子育て終了！」と気をゆるめない！

子どもが大学卒業後、
気がゆるんで散財…

国内外旅行、グルメ、
コンサート、歌舞伎、
着物、ゴルフ…

老後資金のラストスパート

Column

パパの年齢が高い「オトナ夫婦」は教育費がついつい上がりがちで危険

赤ちゃん楽しみだね

予定日は来月なのよ

出産退職して子育てに専念するのよ。

ははは

子供にはいろいろ体験させます。海外旅行とか沢山連れて本物を見せたいんです。

さすが年の差婚！ご主人安定してるものね うらやましいわ〜

現在

20年後

あ…でも子どもが大学の頃にはご主人定年か…

…

ママの出産年齢より、「パパが高齢」のほうが危険。パパが再雇用で、子が大学生という可能性も

晩婚化や晩産化が進んでいるため、「オトナ夫婦」、つまり、高齢のママ・パパが増えています。**高齢での出産は、親の収入レベルが高いという経済的な強みはありますが、同時に弱点もあります。**

一つは、子育てへの体力&気力です。そしてもう一つは、どうしても直視しなければならない**「教育費の後ずれリスク」**です。

ママの出産年齢より、「パパの年齢」が要注意なワケは？

子育て計画をたてるとき、ママの年齢を基準に考えていませんか？

実は、教育費をママの年齢で考えていると、思わぬ落とし穴があります。

例えば、ママは30歳で出産しましたが、パパのお年は結構上。**パパ45歳のときに子どもが生まれたとすると、子どもが大学に入学する19歳のときに、パパは64歳です。**そう、定年退職をしているか、現役時代よりも低い年収で再雇用として働いているのが現実です。

共働き家庭で、ママが子どもの大学費用を稼げる十分な収入があれば問題ありませんが、足りない場合は、文字通り、坂を転げ落ちるように貯蓄が減っていきます。そうならないために必要なのが、入学前・小学校時代の貯蓄と支出の見直しなのです。

「オトナ夫婦」は子育て支援制度を利用できない不利な面も！

40代で子どもが生まれた「オトナ夫婦」は、生活のレ

ベルが高くなっている時期に赤ちゃんを迎えるので、幼児教育や英語での体験レジャー、食育も兼ねて美味しいレストランに、お受験に留学で最高の教育を…など、「子どもにかかるお金は聖域」になりがちです。

しかしながら、**行政による子育て支援制度は、所得制限があるものがほとんど。**

例えばフルタイムの共働きで子ども1人の場合、**年収約876万円以上になると、月額1万～1万5000円の児童手当が5000円に減額されますし、高校無償化は対象外、奨学金や国の教育ローンも高収入では借りられません。**子どもが大学に入学しても、教育費に充てる貯蓄がないということになれば、金利が高めの銀行ローンしか残されていないのです。

これがオトナ夫婦の「教育費の後ずれリスク」です。

一方、パパが年金生活でも、ママが大幅に年下で働いているのなら、ママが65歳になるまでにはまだまだ時間がありますから、その間、パパの年金という安定収入に加えて、ママの労働収入で家計をまかなうことができます。

いずれの場合も、パパの定年退職後に子どもが大学入学するという未来を踏まえて、子どもにかける教育費を取捨選択していきましょう。もちろん、月々の積み立ても忘れずに行ってくださいね。

オトナ夫婦の教育費リスク【所得制限のあるもの】

- 児童手当
- 乳幼児・子ども医療制度（自治体による）
- 奨学金
- 国の教育ローン
- 高校無償化
- 遺族年金

プラスアルファ支出が負担になることも

大学生への仕送り
月額約8万5300円

（東京地区私立大学教職員組合連合:2020年発表）

私立大学生（下宿生）の住まいさがし引越し・家具購入費用
約53万円

（全国大学生活協同組合連合会:2019年度保護者に聞く新入生調査）

就活費用
約16万円

（サポーターズ:就活実態調査2019年）

※金額は平均値

ハイレベル塾は、受験直前にどんどん費用が膨らむ。1受験で約200万円も。青天井にならぬよう!

第1章でお伝えしましたが、文部科学省の調べによると、公立に通う子どもの塾代や習い事などの平均額は、「小学生月1万8000円」「中学生月2万6000円」です。

しかし、都市部のハイレベルな進学塾になると、平均額では到底間に合わず、高額な塾代が必要になります。「偏差値の高い学校に合格させたい」と覚悟を決めたご家庭は、次のような塾代が必要になるため、事前にしっかりとご夫婦で確認して、資金計画を立ててください。

「合格させるために」と特別講習、1受験約200万円も

日経DUALでは、中学受験の特集がたくさん組まれていますね。ひとたび

目標校を決めて合格を目指すのなら、親としてもできる限りのことはしてあげたいと思うのも無理はありません。

では、実際に〝御三家〟などと呼ばれている人気の私立中学校を目指した場合の中学受験対策の塾代の一例を見てみましょう。

● 4年生＝年間52万円（月謝、春期講習、夏期講習）

● 5年生＝年間68万円（右の項目にさらに、冬期講習、模擬テストが追加）

● 6年生＝年間110万円（右の項目にさらに、志望校別コースが追加）

4年生から6年生の3年間の塾代だけで、総額230万円です！

塾に通わせている親御さんからは、「目標校を決めた以上、〝講習を受けない〟というのは許されない雰囲気」という声もあります。塾からは「合格のために」という案内もあり、また、子ども本人もより上位のクラスを希望することもあるため、進学塾に入ったあとは、どんどん費用が膨らむのが実情です。親は塾代を「聖域」として青天井にせず、他のきょうだいのことも考えて、月々と臨時の講習費の両方を確認しましょう。

中学受験　御三家コスト例

東京都内　ハイレベル進学塾

4年生	年間52万円 （月謝、春期講習、夏期講習）

5年生	年間68万円 （月謝、春期講習、夏期講習、冬期講習、模擬テスト）

6年生	年間110万円 （月謝、春期講習、夏期講習、冬期講習、志望校別コース、模擬テスト）

総額230万円

※日経DUAL調査による

【SAPIX 6年生の特別講習がある月の授業料】

春期講習

全6日間・80分授業×3コマ/1日
= 4万1800円

4月分授業料5万9950円と合わせて、3月は
合計 **10万1750円** 引き落とされる

GS特訓※

全3日間・70分授業×6コマ
+小テスト/1日
= 4万1800円

5月分授業料5万9950円と合わせて、4月は
合計 **10万1750円** 引き落とされる

夏期講習

全18日間・100分授業×3コマ+
小テスト30分×2コマ/1日
= 21万100円
(夏期講習中の通常授業はなし)

夏期講習中の通常授業はないので、7月は
合計 **21万100円** 引き落とされる

夏期集中志望校錬成特訓

全5日間・80分授業×4コマ
+小テスト40分/1日
= 7万400円

9月分授業料5万9950円と合わせて、8月は
合計 **13万350円** 引き落とされる

難関校SS特訓※(志望校別講座+単科講座)〈9~1月〉

全18回(授業14回・テスト4回)
[志望校別80分授業×4コマ+
単科講座100分授業×2コマ/1日]
+公開模試4回
= 27万4450円

10月分授業料5万9950円と合わせて、9月は
合計 **33万4400円** 引き落とされる

冬期講習

全6日間・80分授業×4コマ/1日
= 5万3350円

12月分授業料5万9950円と合わせて、11月は
合計 **11万3300円** 引き落とされる

正月特訓

全4日間・80分授業×6コマ/1日
= 5万3350円

1月分授業料5万9950円と合わせて、12月は
合計 **11万3300円** 引き落とされる

※「GS」とは、「ゴールデンウィークサピックス」の略。「SS」とは、「サンデーサピックス」の略。
志望校別クラスの集中特訓。(2019年資料より、資料提供:SS-1)

出典/『中学受験 基本のキ!〔第4版〕』(日経BP/共著:西村則康、小川大介/文: 越南小町)

ウチの教育費のピークはいくら？
きょうだいの年齢差×私立・公立コース別
月額負担を丸ごと比較！

習い事や受験、そして留学の有無など、ひとりっ子の場合は教育費をあらかじめ計算しやすい特徴がありますが、きょうだいがいる場合は「**一体、ウチの教育費のピークはいつ？　そのとき、毎月いくらかかるの？　この収入で乗り切れるの？**」というのが最大の心配事のようです。

そこで、ここではみなさんが気になる、「きょうだいの年齢差と進学コース別の教育費」を視覚化したグラフを見てもらいながらお伝えしていきます。

「ウチの場合はきょうだいが２歳差だから、小学生から2人とも私立コースは難しいけれど、留学は選択肢として用意してあげられそう」など、ご夫婦で話し合う参考にしてください。

【次ページからの試算条件】

ウチはどこまでお金をかけられる？

- ママが30歳で第一子出産
- きょうだいは1~4歳差
- 幼稚園～大学の教育費は50Pのデータをもとにし、幼稚園と私立高校は、原則として無償化対象世帯とした目安額から試算

【大学まですべて国公立コース】

教育費ピークは大学時代で、月11万円

きょうだいがいる場合、一般的に「3歳差だと、中高で入学シーズンが重なるので教育費が苦しい」というイメージがありませんか？　しかしながら、30歳で第1子出産として試算すると、意外な結果が見えてきました。

教育費の毎月負担が高額な時期が続くのは、きょうだいが1歳差の場合。

上の子と下の子の大学入学が続くため、月額10万円を超える教育費が2年連続でかかりますし、中学生時代も月額8万円が2年間続きます。ただし、きょうだいが1歳差であるため、教育費は最も早く終わり、ママが53歳で終了します。

きょうだいが4歳差の家庭の毎月負担額は、この試算の中では最もなだらかで、第一子大学入学時以外は月額7万～8万円で済みます。総額は1歳差家庭と同じですが、教育費がかかる期間は当然長く、ママが56歳まで続きます。

きょうだい2人とも 国公立

特徴

- **1歳差が月額負担は一番しんどい！**（でも、早く終わる）
- **4歳差が、毎月負担はなだらか**（でも、長い）
- **教育費のピークは大学**

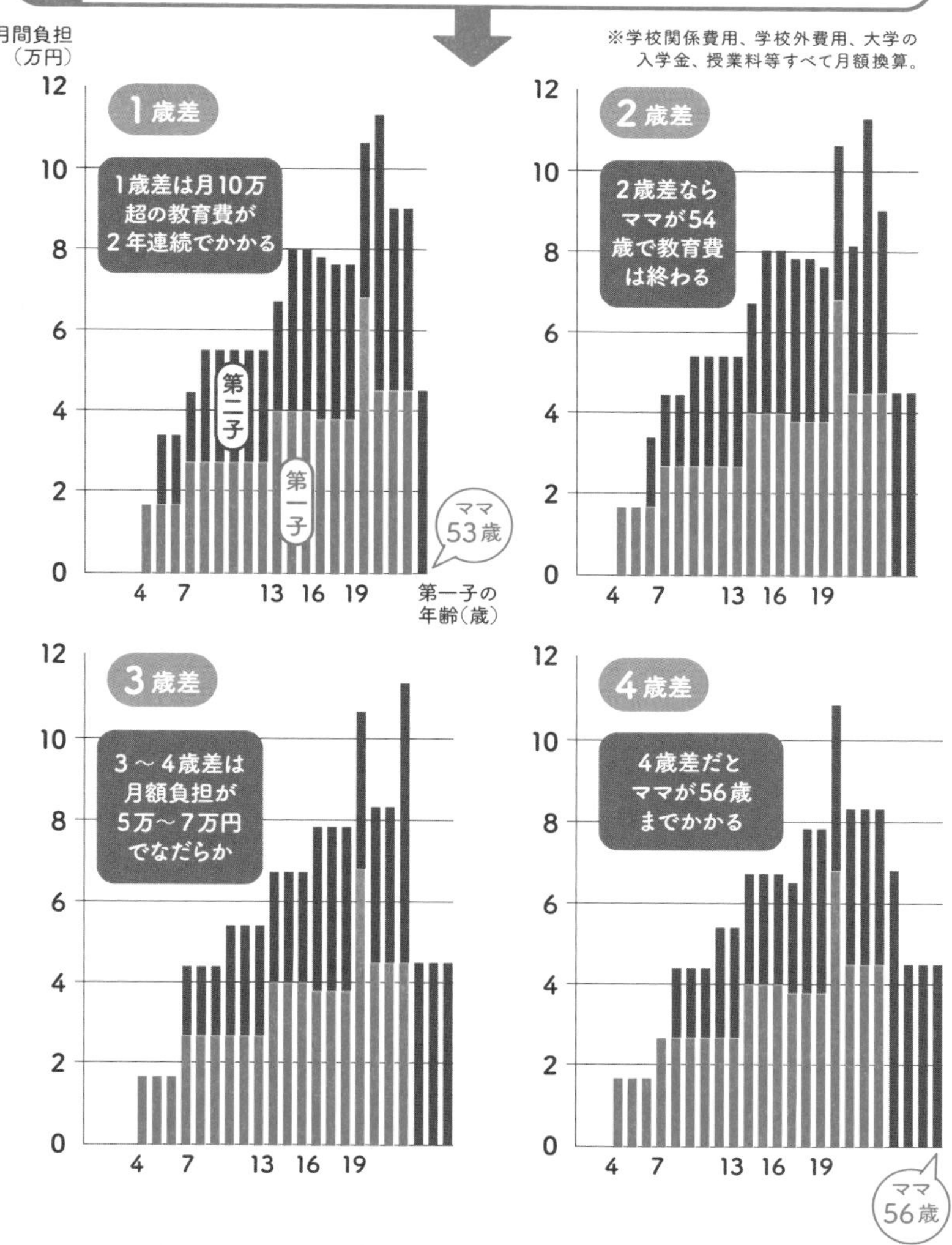

【上の子が私立コース、下の子が国公立コース】

教育費ピークは第二子の小学校入学　月16万円

第一子は早くから私立に進学させ、第二子は、国公立の学校を選択するご家族の例を見てみましょう。

特徴は、第二子が小学校に入学したあとの約6年間に教育費のピークを迎え、毎月の負担は16万円にもなることです。教育費の負担は大学が大きいと思われていますが、実は、大学よりも私立小学校に通う子どもいるときが大変なのです。

特に1歳差のきょうだいの場合は、ママが38歳から42歳までの6年間、ピークが続きます。

きょうだいの年齢差が開くにつれ、ピークが連続する年数が短くなりますが、それでも月額14〜16万円の支出はママが45歳前後になるまで続きます。

しかし、下の子が国立大に入学してから、教育費の後半はややラクになります。ここで気を緩めず、老後に向けて貯蓄するのが、賢い子育てファミリーのポイントです。

上の子は 私立　下の子は 国公立

特徴
- **教育費ピークは**下の子が小学生時代
- **ピーク時は**月16万円が続く

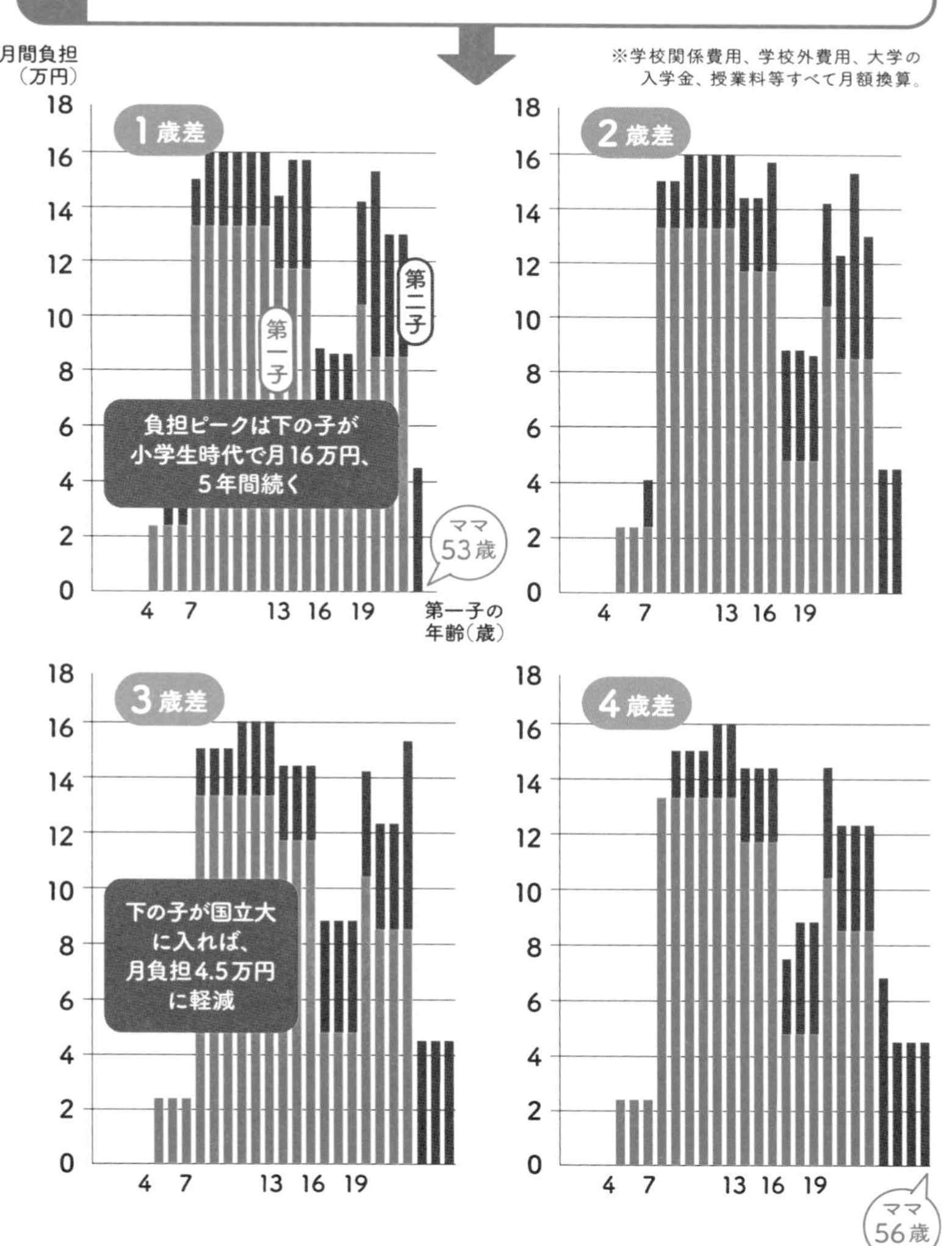

【2人ともずっと私立、大学は私立文系コース】

教育費ピークは小学校時代　月27万円！

きょうだい2人とも私立小学校のお受験をして、大学まですべて私立に進学し続けるという場合を考えてみましょう。このケースでは、教育費のピークはやはり小学校時代となり、きょうだいが1歳差の場合、下の子が私立小学校に入学してから5年間は毎月27万円の教育費が続きます。

子どもが小さいということは、親も若いケースが多く、その中で月額27万円を負担できる収入があるのなら、子どもが高校に通う際は私立高校無償化対象外となる可能性が高くなります。そこで、授業料は全額負担するものとして試算しました。

きょうだいの年齢差が開くにつれ、ひと月の負担はなだらかになりますが、その分、長く続きます。4歳差では20万〜27万円もの教育費がママが49歳まで続くので、このコースは収入が高い家族、あるいは祖父母の援助が見込める家庭向けと言えそうです。

きょうだい２人とも大学までずっと 私立

特徴
- １歳差が月額負担は一番しんどい！（でも、早く終わる）
- ４歳差が、毎月負担はなだらか（でも、長い）
- 教育費のピークは27万円！（親が若いけれど収入は大丈夫？）

※学校関係費用、学校外費用、大学の入学金、授業料等すべて月額換算。

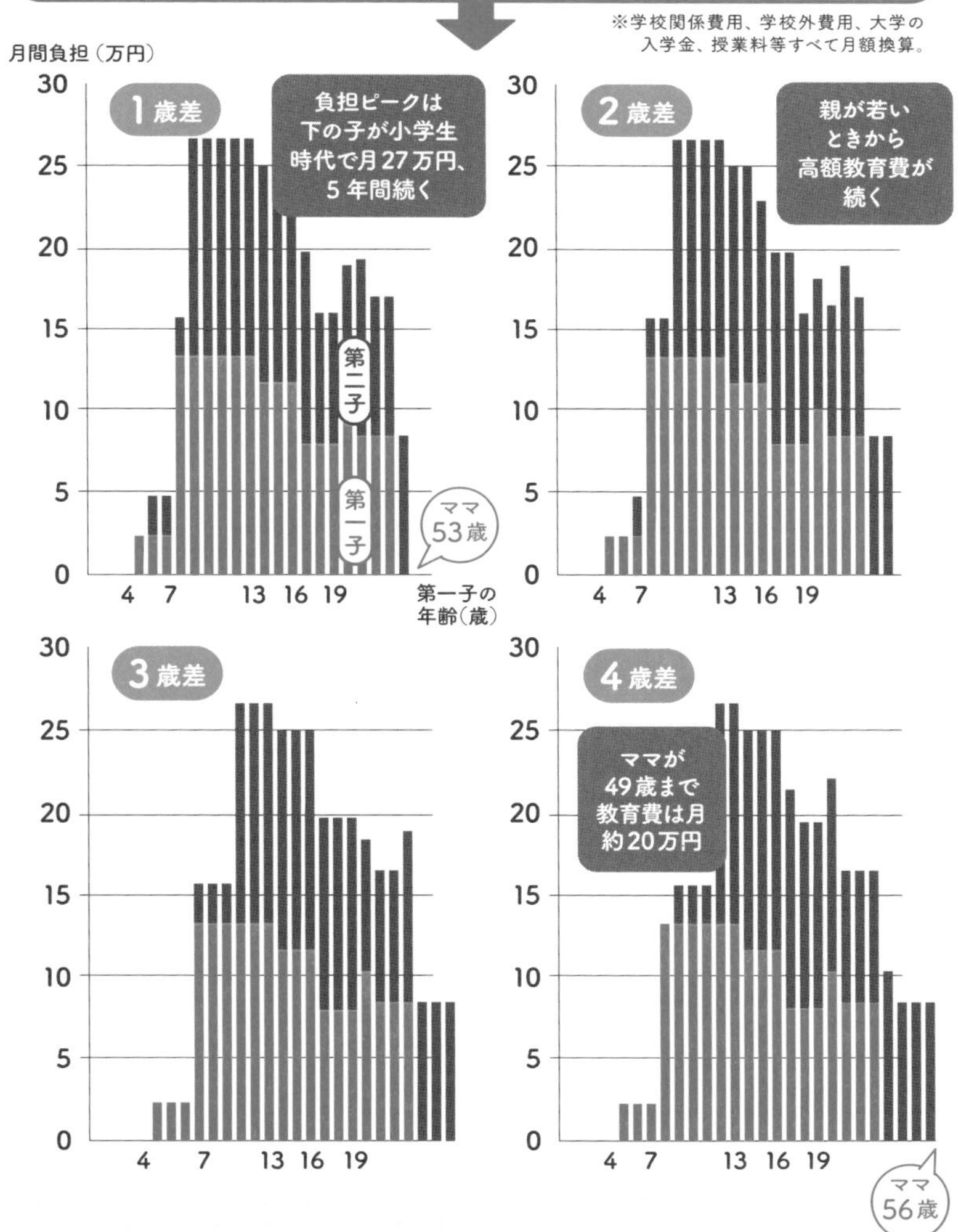

【私立中学か？　海外留学か？】

留学費1年分は250万円、私立中に行くのと同じ総額

最近のグローバル教育の普及で、海外留学を経験させたいと願うご夫婦が増えています。また、きょうだいがいる場合、1人は私立中受験をする代わりに、もうひとりは大学時に留学するという選択肢も広がっているようです。

そこで、「私立中学校」と「公立中学校＋大学時の海外留学」では、どちらが高いかを比較しました。

留学費は、国と期間によって異なりますが、1年間（48週間）のオーストラリア留学の総費用は250万円です。公立中学の総費用は147万円ですから、留学費用と合わせると397万円になります。一方、私立中学校の3年間の教育費は423万円ですから、「私立中学校」と「公立中学校＋海外留学」はほぼ同額でした。きょうだいがいるご家庭は、**「受験？　それとも留学？」とお子さん自身に選ばせる**と、教育費に差が生じずに育てられそうですね。

国別留学費用の目安

カナダ	200万円～
イギリス	205万円～
ニュージーランド	215万円～
オーストラリア	250万円～
アメリカ	340万円～

※留学ジャーナル2017年出発者による統計
48週間の「授業料＋滞在費＋食費」の目安。

費用比べ

オーストラリア留学
250万円

＋

公立中学校
147万円

私立中学校
423万円

だいたい同じくらい！

子育て家族の「3回」の「貯めどき」は逃さない！

まとめの名言！

入学前・小学校・大学入学後は、貯められるチャンス！

入学前・小学校・大学入学後は、貯蓄ができる大きなチャンス！ 入学前と大学入学後は、ぜひ毎月3万～4万円の貯蓄を。無計画のだらだら支出や外食には要注意です。

オトナ夫婦は教育費が上がりがちで危険

まとめの名言！

パパ40代後半時の出産なら20年後を想像して貯蓄を

パパが40代後半のときに出産すると、子どもが大学に入る頃には、年金生活に入っています。教育費のピークに向けて、今から生活費を見直して計画的に教育費と老後資金の準備をしましょう。

塾代はどんどん膨らむしくみ
ちゃんと上限を決めて！

まとめの名言！

「合格するために」で200万円以上のことも

「合格するために」「目標校まであと一歩」などの塾の先生の誘いは断りにくくても英断を！　無制限に上乗せすると1受験200万円以上かかることも。家計やきょうだいの進学に合わせて、塾代の上限を決めましょう。

私立か公立か？ 2人とも私立小なら月27万円

まとめの名言！

きょうだい2人とも私立小なら月27万円

きょうだいの進学コースによる教育費の最大支出は、公立と私立で大差になることも。私立小学校、中学受験、留学など、希望の進路を決める前に月々の教育費をシミュレーションしましょう！

特待生事情は情報戦!

私立学校の学費は国公立に比べて高いのですが、学校独自の奨学金や授業料の減免、特待生制度などがある大学も多く、返還不要の給付型奨学金も増えています。例えば近畿大学では、大学入試の成績優秀者は卒業まで授業料全額が免除され、早稲田大学では学内独自の奨学金が100種類ほどあります。また、私立高校では自治体独自の授業料助成金制度があったり、学校によっては、制服代免除やきょうだい割引があるところもあります。希望する学校のホームページをしっかりと確認しましょう!

第3章

ママとパパどう働く？収入に合った幸せな生活スタイル

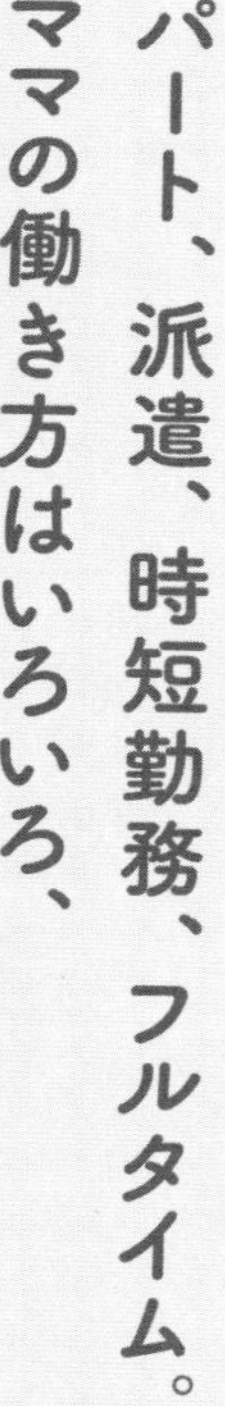

パート、派遣、時短勤務、フルタイム。ママの働き方はいろいろ、子育て費もいろいろ

「女性活躍」「働き方改革」という国の方針とともに、子育て中のママの働き方も多種多様になってきました。

みなさんの親世代は、「一家の大黒柱はパパで、ママは専業主婦か、働いても扶養の範囲内まで」という家計プランが多い時代でした。さらに、長く働けば働くほど右肩上がりに収入が増える年功序列の賃金体系で、会社員なら退職金がありましたが、今はどうでしょうか。

50代に入ると役職定年などで昇給がなくなったり、年収が3割減ったり、退職金も自分でつくる時代に変わっています。そのほか、ずっと1社で働く人ばかりではなく、転職や起業、ダブルワークなどの働き方も増えています。特に女性は、出産退職したあとにパートタイムで働く人、子どもが小学校に入学するまではペースを落として時短勤務で働く人、パパも子育ての柱となってママもフルタイムで働き続ける人など、働き方の選択肢が増えました。

このように、自分が勤める会社や働き方によって、収入の伸びも金額も異なるからこそ、現状から老後までの収入を把握し、子どもの教育や家族のレジャー、家などにどこまでお金をかけることができるのかを、しっかりと考えることが必要です。(けっして、〝お友達の家がお受験するからウチもお受験する！〟とか、〝子育てにお金をかけることが最高の愛情〟という話を鵜呑みにしたお金の使い方はしないでくださいね)。

また、現在のような様々な働き方ができるからこそ、「ママが、今よりも週3時間多くパートタイムで働いて毎月1万円の収入が増えたら、子どもが習いたがっているピアノに通わせてあげられる」というような、柔軟な働き方やお金の使い方も可能になりました。

目的に応じて行動できる今の時代を、生き抜いていきましょう！

それでは、第3章のはじまりです。

ここでは、「専業ママ」「年収100万円ママ」「年収240万円ママ」「年収400万円ママ」という4つのタイプごとに、生活スタイルの注意ポイントとステップアップ術をお伝えしていきます。

理想の人生を送るために必要なお金の考え方や生活スタイルを、具体的にみていきましょう。

【専業ママ】の注意点①

「わたし、おこづかいゼロ円なんです」の罠

あなたのおこづかいの金額は、いくらですか？

実は、専業ママに多いのが、「私、おこづかいゼロ円なんです」という答え。

「家族のために、おこづかいゼロ円で頑張っているんです」というお気持ちはよくわかりますが、でも……そんなことはないですよね？「**おこづかい」とは、自分のために自由に使えるお金のこと。**

本当におこづかいがゼロ円なら、次のようなお金はどこから出てくるのでしょう？

●ママ友とのランチ代は？

●夕飯の買い物のついでに買った自分のケーキは？

●ついつい増える化粧品代は？

これらのお金を、食費や日用品にこっそり紛れ込ませていませんか？このように「おこづかい」と意識していなくても、専業ママも意外と、「自分のためのお金」を使っ

日用品・雑費の目安額ってどれくらい？

日用品 → 月5000円

クリーニング代 → 月5000円

合わせても1万円。
それ以上多かったら、要チェック！

ているものなのです。

あっ、間違えないでくださいね。専業ママが自分のためにお金を使うのが悪いと言っているのではありません。改善してほしいのは、「私のおこづかいはゼロ円」と思い込んでいる、その気持ち。

自分の自由になるお金を決めることは、自分らしく生きるためにも、そして、家計管理のしやすさの面からも必須です。専業ママも、自分のおこづかいの金額を決めることで、その金額の範囲内で**自由に、安心して、そして自信をもってお金を使えるようになりましょう。**

おこづかいについては、第4章で詳しくお伝えしますが、大事なことは、**自分に必要かつ家計において適正な金額を決めるこ**

と。

この機会にパパとママ、それぞれのおこづかい適正額を改めて考えてみませんか？ 二人一緒のタイミングで決めると、「足りないからちょうだい」というパパのセリフも減るようですよ（笑）

そして、もう一つ知っておきたいのが「日用品・雑費」の目安額。

これらの金額が月に1万円を超えるようなら、日用品や雑費ではない支出が紛れ込んでいる可能性が大です。

日用品とは、シャンプーやトイレットペーパーなどの消耗品。これなら1カ月5000円程度で一世帯の支出をまかなえるはず。


雑費にはクリーニングなどが含まれます。ワイシャツをクリーニングに出すとしても、1枚200円で22日で4400円です。スーツのクリーニング頻度が1シーズン1回であることを考えると、月5000円の予算をクリーニング代にあてておけば、日用品・雑費も1カ月5000円〜1万円でまかなえそうですね。

日用品・雑費の見直しは、どんな支出をその中に当てはめているのかを洗い出して、その中身を振り返るとできますよ。

【専業ママ】の注意点②

「自転車で人をケガさせたら？」の落とし穴

「もしも、うちの子がお友達にケガをさせたらどうしよう」

そんな不安から、「個人賠償責任保険」に加入しているママは多いのでは？

個人賠償責任保険（生活賠償責任保険）は、私生活の中で誤って人をケガさせたり、人のモノを壊したりしたときの、法律上の損害賠償責任を補う保険です。簡単にいうと、**人にケガをさせたときの医療費や、人のモノを壊したときの弁償費用をカバー**してくれるのです（仕事中の事故や自動車事故は、個人賠償責任保険の対象外）。

個人賠償責任保険は、1つの保険契約で家計を同じくする家族全員を補償する優れもの。「**一家に1つ、個人賠償責任保険**」と覚えておきましょう。

ただし、いろんな情報が集まるママだからこそ、陥りやすい落とし穴があります。

それは、「いっぱい入っていたほうが安心！」と思い込み、2つ、3つと重複加入してしまうこと。

個人賠償責任保険で支払われる保険金は、実際の損害額が上限です。つまり、**たくさん入っていても、それぞれから何重にも保険金を受け取ることができるわけではない**のです。

個人賠償責任保険は、火災保険、自動車保険、共済、自転車保険、傷害保険、クレジットカードなどに特約として付けるか、あらかじめセットになっている商品に加入します。その際、火災保険や自動車保険に付けたことを知らずに、さらに、共済や自転車保険に加入する人が多いのです。

もしも加入している個人賠償責任保険の上限金額が「無制限」となっていれば、2つめ、3つめの他の保険料は本当にムダなお金です。安心のつもりで行動したことが家計のムダ支出になってしまうのは悲しいですね。複数加入していないかどうか、しっかりと確認しておきましょう。

そして、これから加入、あるいは、見直す際の注意ポイントは2つです。

まず、**保険金額は最低でも1億円**を選ぶこと。

その根拠は、小学生が起こした自転車事故で、約1億円の賠償判決例があるからです。無制限だとさらに安心ですね。

次に、**示談交渉サービスを付ける**こと。保険会社等によっては、「保険金は支払いますが、示談は個人で行ってください」というところもあります。個人賠償責任保険を使うのは、私たちが加害者のとき。謝罪しながらお金の話をするのは、精神的にかなりの苦痛を伴います。そんなときに示談交渉サービスがあれば、保険会社を頼れるから心強いですね。

最近は、自転車保険への加入を条例で定める自治体も増えてきましたが、正確にいうと、義務付けているのは、自転車保険ではなく「個人賠償責任保険」です。他人にケガをさせたときの補償が目的で自転車保険に加入するのなら、個人賠償責任保険で十分にまかなえますよ。

個人賠償責任保険と自転車保険

		個人賠償責任保険	自転車保険
自転車での事故	他人にケガをさせた	○	○
	他人のモノを壊してしまった	○	○
	自分がケガをした	×	○
日常生活での事故	他人にケガをさせた	○	△
	他人のモノを壊してしまった	○	△

※○は補償あり、△は商品により異なる、×は補償なし

【年収100万円ママ】の注意点①

「いくらを超えたら働きゾンですか？」の間違い

子育てママがパートで働く際の動機には、「収入を増やしたい」「自分らしく生きたい」という気持ちがあるようです。そんなとき、現実的に気になるのは、いわゆる年収の壁でしょう。

正確な数字やその根拠はわからないけれど、なんとなく「働きすぎるとソンするから、パートは一定金額で抑えたほうがトク」と考えている方は多いようです。でも、もしかしたらその情報が「思い込み」かもしれません。

実はパート収入のソン・トクは、今のあなたが「何を重視するか」で変わります。

例えば、あなたが収入を増やしたい、もっと貯蓄をしたい、と思って働くとしましょう。そのとき、一定金額を超えると、給料から税金や社会保険料が差し引かれます。

具体的には、パパが会社員、ママがパートの場合、ママの年収が**100万円を超え**

妻の働き方で、社会保険が変わる！

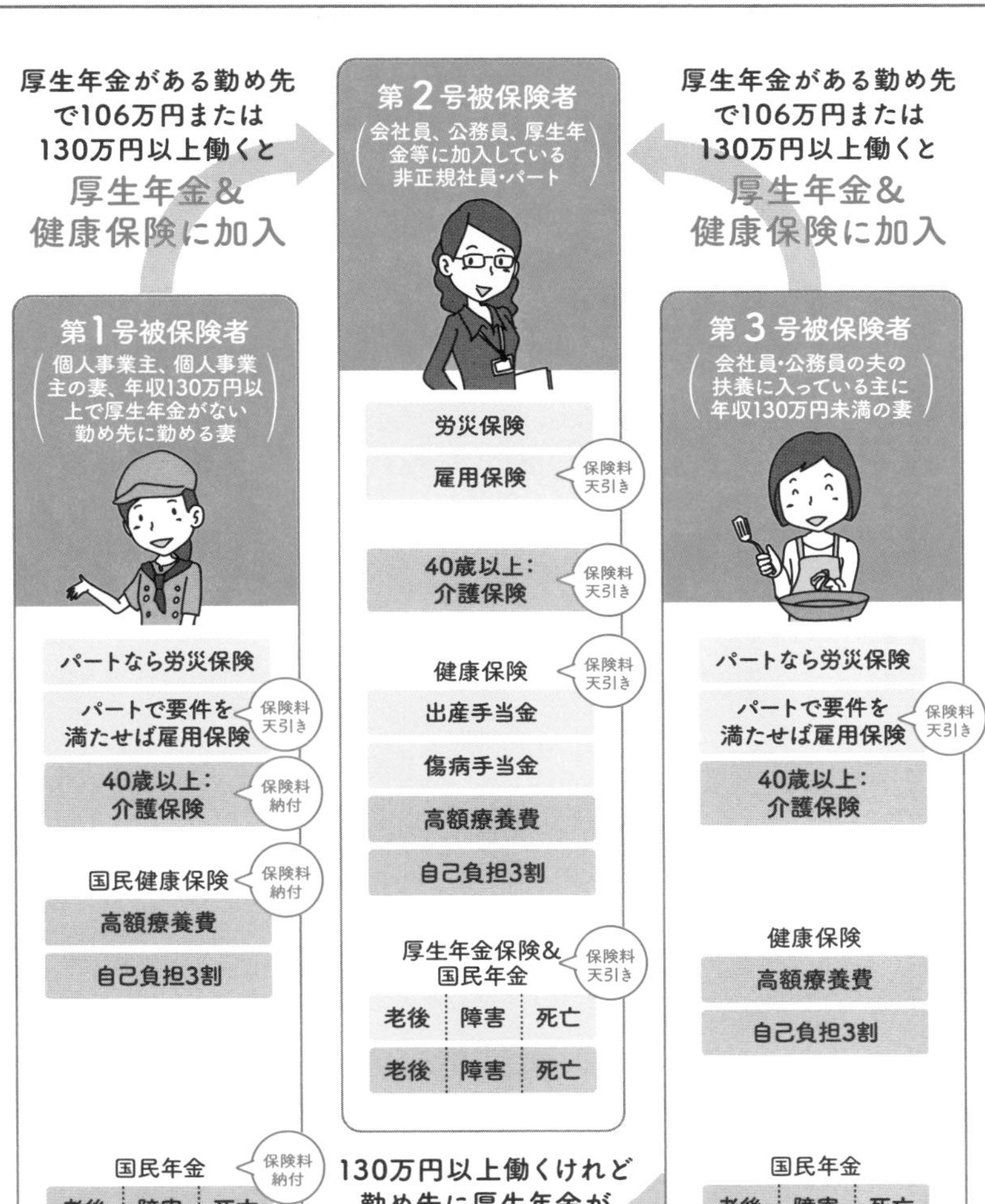

※グレーで示した箇所は（勤労の有無に限らず）20歳以上の人が対象となる給付、ピンク色で示した箇所は働く本人への上乗せ給付。

るとママに住民税が、１０３万円を超えるとさらに所得税がかかるようになります。

そして、厚生年金保険のある勤め先で働くママのパート年収が**１３０万円以上になると、給料天引きで厚生年金保険料や健康保険料などの社会保険料も納めます。**

なお、社会保険料を自分の給料から納めるのは年収１３０万円が分岐点となりますが、従業員５０１人以上の会社で、１週間に20時間以上働く場合は、年収１０６万円以上で社会保険に加入します。

さらに、**２０２２年10月から**は従業員の数が１０１人以上の規模の会社、**２０２４年10月から**は従業員数51人以上の会社で働く人も厚生年金に加入するように変わることが決まっています。

このように、一定金額を超えると今まで差し引かれなかったお金が差し引かれて手取りが減るから、「今」の収入に目を向けると、「ソン」と思ってしまいがちです。

でも、社会保険料を納めることで、「トク」する面もちゃんとあります。

パート先の会社の健康保険に加入していると、出産で会社を休んでも、「**出産手当金**」として産前産後に給料日額相当分の３分の2を受け取ることができます。また、もしも病気などで長期間会社を休んで十分な給料を得ることができない場合でも給料日額相当分の3分の2を「**傷病手当金**」として受け取ることができます。

厚生年金保険に加入すると、老後の年金は増えるし、障害状態になったときの**障害**

妻のパート収入と夫の税金

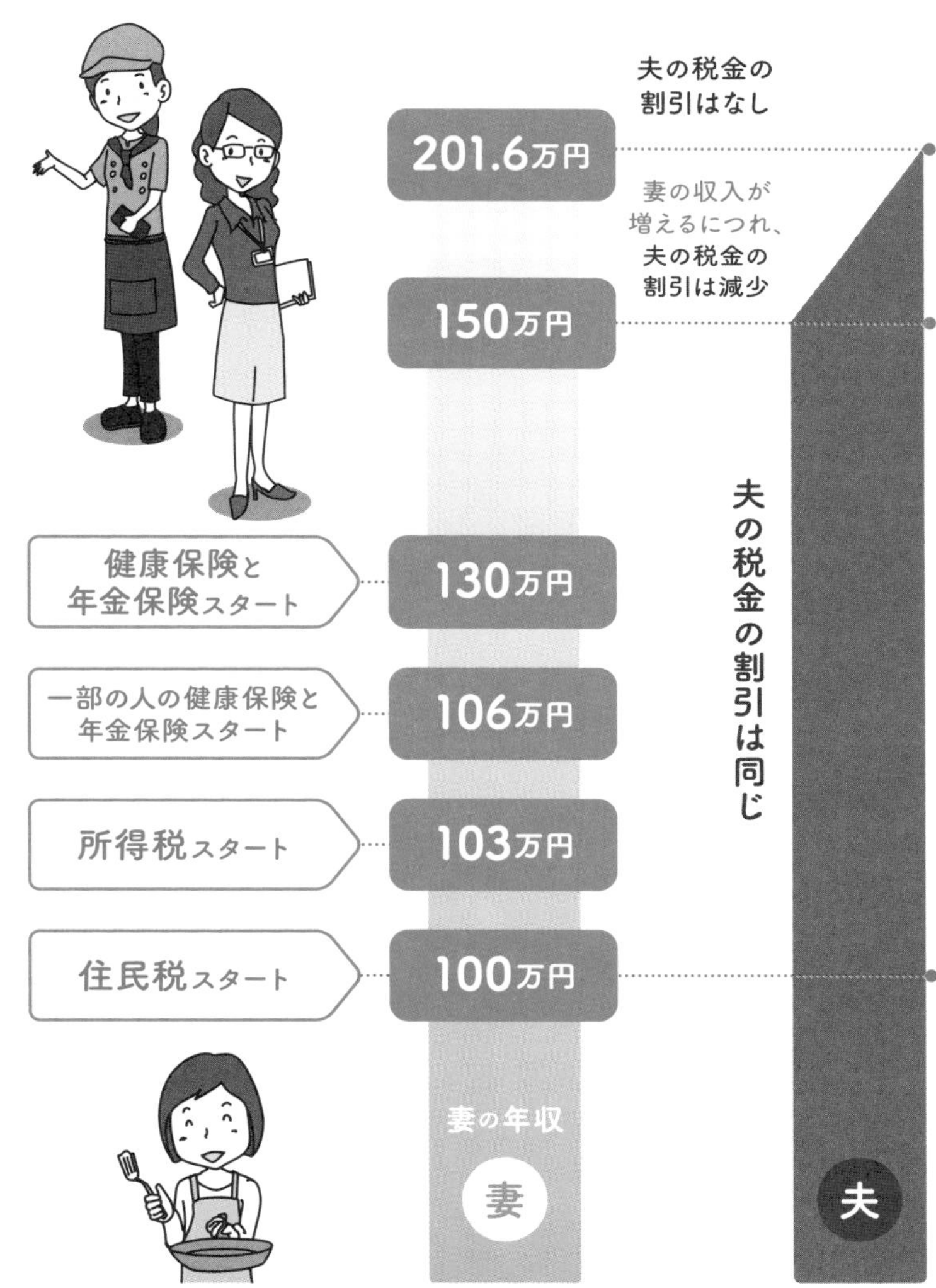

※パパの給与収入が1095万円（所得900万円）から1195万円（所得1000万円）までは控除額が減額され、給与収入1195万円超では、これらの配偶者に関する控除が全く受けられません。

厚生年金も障害基礎年金に上乗せされるし、もしも幼い子を残して亡くなった場合は、**子どもやパパに遺族基礎年金や遺族厚生年金を残す**こともできます。

また、老後の準備制度である個人型確定拠出年金（iDeCo）は、所得税や住民税を納める人にとっては大きな税金の軽減効果があり、保育料の低減や高校無償化にも影響力を持っています。

つまり、**手取り金額だけを見ると、税金や社会保険料が差し引かれるほど働くとソン。でも、保障や老後など「将来」のことまで考えると、社会保険料を差し引かれてもトク**、ということになります。

ついつい、手取り金額ばかりでソン・トクを考えがちですが、働くことの中には収入アップだけでなく「**自分らしく生きたい**」という存在意義や社会とのつながりなど、いろんな想いがあるはず。

制度は時代と共に変わります。働きたいと思っているのなら、**税制や社会保険制度に一喜一憂しない人生を選択**しましょう！

【年収100万円ママ】の注意点②

「子どもの雑費はいつも私が払う」を防ぐ

子どものおやつ代に教材費、文房具に電車代。さらに、玄関のピンポンの音とともに突然来る自治会費や新聞代の集金。

こんな生活のこまごましたお金は、子どもと一緒にいる時間や家にいる時間が長いママが払うことが多くありませんか？

クレジットカード払いや銀行口座から自動引き落としされる支出は、明細を振り返れば、誰がいくら払っているのかが明確にわかります。でも日々の小さな支出は、数百円～千円前後の額であり、1カ月分をまとめた金額を目にしないため、わかりにくいのが実情でしょう。

そのうえ、お財布を開いてお金を払う回数が多いだけに、「私ばっかり」という不公平感や不満はつのりやすいのです。

そんなときの、とっておきの解決方法が「封筒金庫」。

家の中に「金庫」をつくることで、「お財布からお金がなくなる」という現実的なストレスと、「私ばっかり払っている」という精神的なストレスがなくせます。

やり方は簡単！

封筒に家計の予備費のお金を千円札で50枚入れておき、必要なときに封筒からお金を出して、封筒の表に記録するだけ。

なお、「封筒金庫」を成功させるためのコツは、2つです。

1つめは「**細かいことは気にしない**」。

例えば、700円が必要だったとき、まじめな人ほど「おつりの300円は封筒に戻さなきゃ」となりますが、戻さなくてかまいません。細かいことは気にせず、お金を取り出すときに記録したら、おつりは「子どもの世話をしたごほうび」ぐらいに考えて（笑）、「封筒金庫」を使いましょう。

2つめは、「**収支合わせをしない**」**こと。**

これを言うと、みなさん驚かれますが、「封筒金庫」の目的は、予定外の支出に備えることだから、ピンチを脱出できればそれでいいのです。それに、もともと「おつりは戻さなくてOK」というルールなのだから、収支は合うはずがないですよね。

大事なことは、「何に、いくら使ったか」の把握。1年後、「封筒金庫」の封筒に書いた支出の合計金額を出して、「あぁ、1年間で、○万円ぐらいのこまごました支出があるんだなぁ」と、夫婦で共有できればいいんです。

「私ばっかり」と思ったときは、「封筒金庫」を夫婦で実践してくださいね。

「封筒金庫」の使い方

①封筒とペンを用意する(茶封筒や白封筒がベスト)。

↓

②千円札を50枚入れる。

ATMを操作する際、5万円ではなく、「50千円」と入力すると、千円札が50枚出てきます(一度に出てくる枚数はATMの機種によって異なります)。

↓

③封筒のウラ面に、お金を入れた「日付」と「金額」を書く。

↓

④支出が発生したときは、封筒の表に、「日付」「理由」「金額」を書く。

予定外の支出は、家計やおこづかいから出さずに、必ず封筒の中からお金を出して記録するように夫婦で実行しましょう。

↓

⑤封筒金庫のお金がなくなったら、②~④を繰り返す。

↓

⑥封筒金庫を始めて1年経ったら、日々のこまごました支出にいくらぐらいのお金を使っているのかを支出項目(交際費、子どもの教材費など)別に振り返り、翌年の家計管理に活かす。

夫婦の家計管理は3タイプ。それぞれのメリット、デメリットは？

「支出分担派」、「金額分担派」、「1人分で生活派」の3タイプのメリットと改善ポイントを伝授

共働きの家計管理において、ありがたくも悩ましいのは、「収入が2つあること」ではないでしょうか。

収入が1つなら、振込口座が1つなので家計管理もラクなのですが、収入が夫婦で2つあると、収入口座が2つに分かれます。

1人が複数の銀行口座を保有しているのは当たり前の時代ですから、夫婦2人分の口座となると、どの口座にいくらの収入があって、いくらのお金が家計として出ていくのか、わかりにくいのが実情でしょう。

そこで、**代表的な家計管理パターンを3つに分けました。それぞれの特徴と改善策を考えてみましょう。**

①「支出分担派」はお金が貯まりにくい

共働きで多いのが、この**「支出分担派」**です。例えば、夫は住居費と水道光熱費、通信費を担当し、妻は食費と教育費と医療費を担当し、その他のレジャーやおこづかいはそのときのお互いの懐具合によって支払う……といった家計管理です。心当たりがある人も多いのではないでしょうか？

このタイプでは、夫が主に自動引き落としの項目を担当し、妻が主に現金払いの食費などを担当することが多く、**項目別の支出担当者が明確になること**がメリットです。ただし、どうやって支出の分担を決めたのか？となると、いきあたりばったりなことが多く、独身時代からの口座をそのまま使っていたり、その場その場で引き落とし口座を適当に決めていた

りする場合も多いようです。

その結果、合計支出がいくらなのかがわかりづらく、3タイプの中でもお金が貯まりにくい傾向があります。

ではどうしたら貯まりやすくなるでしょうか。自動引き落としの項目が夫婦それぞれにある場合は、どちらかに集中させることです。変更手続きは面倒かもしれませんが、**1冊の通帳を見るだけで自動引き落としの項目と金額がひと目で確認できるのは、節約効果大**ですよ。

また、現金で使うお金も予算を決めて、毎月定額を引き出すようにすると、家計管理がラクになります。

もしも夫婦どちらかが引き落とし項目の全部を担うのが難しい場合は、どちらがどの項目を負担するのかを改めて決め直して、パパの自動引き落とし口座1つ、ママの自動引き落とし口座1つの合わせて2つで管理することをオススメします。

---

②「金額分担派」は共通口座の名義人に負担

夫婦それぞれの収入額に応じて負担金額を決める「金額分担派」は、お互いの収入から「家計」として負担する金額を決めて、共通の家計口座(名義はどちらかの口座)に入れる方法です。

例えば、それぞれ収入の6割を共通の家計口座のお金として使うと決めたとしましょう。夫の手取り収入が30万円ならその6割で18万円、妻の手取り収入が20万円ならその6割で12万円を家計口座に入れます。この夫婦なら合計30万円が家計のお金となり、この口座から住居費や水道光熱費などの引き落とし項目はもちろん、食費などの現金支出もすべて引き出して使います。

このタイプのメリットは、**お互いが収入に応じて負担していることが明確なため、不公平感が少ないこと。**また、家計口座に入れない残りの4割のお金は自分のお金。**自由度もちゃんと確保できることから、ストレスもたまりにくい**のです。

共働き夫婦の家計管理3タイプ あなたの家は、どれが合う？

①支出分担派

自動引き落としで、住居費・教育費・水道光熱費・通信費などを分担。レジャー費や食費などその都度払うものは各自現金で。

メリット 支出の担当者が明確になる。

デメリット 口座がバラバラで支出総額が不明。貯蓄が増えにくい。

▶▶▶ 口座を1～2つにまとめて支出合計を「見える化」すればOK

②金額分担派

夫婦の収入額に応じて「家計分担額」を決める。どちらかの名義で「共通口座」を作り、家計を管理する。

メリット 負担額の不公平感が少ない。家計費以外は「自分のお金」になる。

デメリット 貯蓄は相手任せで手薄になりがち。共通口座の名義人の手間がかかる。

▶▶▶ 将来の貯蓄額を決めて実行。共通口座の管理をお互いに理解するとOK

③1人分で生活派

夫の収入で支出（生活費も教育費もすべて）を担う。妻の収入はほぼ手を付けず、貯蓄に回す。

メリット 貯蓄のペースが速く貯まりやすい。

デメリット 夫名義のお金が貯まりにくいので、夫の関心＆モチベーションが下がる。

▶▶▶ 年に1回、妻の口座から夫の口座へ貯蓄を精算して夫の安心＆やる気をアップ！

ただし、個人が自由に使えるお金が多すぎると、夫婦それぞれ「家計のお金はちゃんと払っているし、将来必要な教育費や老後資金は、相手が貯めてくれているはず！」という期待が高くなり、貯蓄が手薄になりがちです。しかし、相手がこちらの期待通りにしっかり貯蓄してくれているとは限らないことも……。

そこで、家計口座の「今」使うお金に加えて、「将来」の教育費や老後資金なども、家計口座の中から積み立てるしくみをつくりましょう。

なお、共通口座とはいっても、どちらか1人の名義でしか口座は作れません。気持ちの上では2人の共通口座でも、口座の名義はどちらか1人です。そのため、定期的な入金や現金の引き出しなどの家計管理の作業は、主として名義人になった方が負担することになります。その壁を乗り越えられるかが、金額分担派の家計管理のカギです。

---

③「1人分で生活派」は貯蓄が増えやすいが

「1人分で生活派」は「夫（妻）の収入で生活して、妻（夫）の収入は全部貯めている」、というタイプ。確実に1人分の収入が貯まるので、3種の中では最も貯蓄額が増えやすいタイプです。すご腕の共働き夫婦の中には、夫（妻）の収入の中から生活費だけでなく貯蓄や夫婦それぞれのおこづかいまで捻出しているケースも。

一方で「1人分で生活派」の場合、家計の管理が夫婦どちらか（例えば妻）に偏り、夫の家計や貯蓄に対する関心が低くなる傾向があります。

このタイプで相談にいらっしゃったご夫婦の中には、世帯年収に対する貯蓄額は高いにもかかわらず、貯蓄額を見える化した際に、自分名義の貯蓄が少ないことに気づき「こんなに頑張っているのに、オレの貯蓄はこれだけか…」と、モチベーションが下がった方もいらっしゃいました（無理はないかもしれませんが…）。

夫婦のどちらかのお金に対する関心&実行力が高いと、「あなたのモノも私のモノと同じように管理してあげる」となりがちですが、2人が納得できるように「見える化」できるといいですね。自分名義の貯蓄があるほうがモチベーションが上がるタイプのパートナーなら、後々のお互いの財産についてのトラブルを避けるためにも、**年に1回、2人の財産の決算をしましょう。**妻（夫）名義の貯蓄から夫（妻）名義の貯蓄に合理的に分け直すようにするなど、安心とやる気を増やす方法を探りましょう。

よくある共働き世帯の家計管理3タイプをお伝えしましたが、収入が安定している会社員の方もいれば、月により差がある自営業の方もいらっしゃるでしょう。また、収入以外にも、夫婦の性格などによっても、あなたに合う家計管理のタイプは変わります。自分たちに合うやり方を「見える化」しながら、どのタイプが最もしっくりくるか、見つけてみてくださいね。

最近は、手書きの家計簿に限らず、アプリで家計管理をする人が増えてきました。マネーフォワードやZaimなどのアプリをダウンロードして、IDとパスワードを共通のものに設定しておけば、それぞれが気になったときに確認したり、入力したりできます。夫婦で家計の全体像を把握できるようにしておくと、冷静にお金の話がしやすくなりますよ。

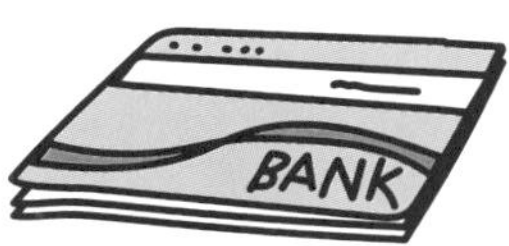

【年収240万円ママ】の注意点①

レジャー費はどこからもわいてこない！

年収240万円ということは、月20万円の収入があるママ。その働き方には、派遣会社から派遣されて働く派遣社員、直接会社との雇用契約で期間を決めて働く契約社員、時短勤務中の正社員、個人事業主などのフリーランスがあるでしょう。

パパの年収が500万～600万円とすると、世帯年収700万～800万円となるこの年収帯は、「共働きだから」と、お財布のひもがゆるみがち。

●せっかく子どもが習い事をしたがっているし！
●せっかくの休みだから、どこか行く？
●せっかく来たんだから、ご飯食べて帰ろう♪

など、**その時々の状況で「せっかく出費」が増えていませんか？** また、1カ月の間に無計画に何度もATMに行ったり、クレジットカードや電子マネーを頻繁に使い、支払い額がわからなくなったりしていま

年間のイベント支出と金額

月	年間イベント	金額
5月	例 固定資産税	10 万円
1月		万円
		万円
		万円
2月		万円
		万円
		万円
3月		万円
		万円
		万円
4月		万円
		万円
		万円
5月		万円
		万円
		万円
6月		万円
		万円
		万円

月	年間イベント	金額
12月	例 冬休みの旅行	15 万円
7月		万円
		万円
		万円
8月		万円
		万円
		万円
9月		万円
		万円
		万円
10月		万円
		万円
		万円
11月		万円
		万円
		万円
12月		万円
		万円
		万円

1年間の合計	万円

せんか？
「共働きだし」「ボーナスがあるし」と思ってお金を使うことが多いのなら、それは、家計の黄色信号。実は、**ボーナスで払わなきゃいけない支出は、意外と多い**んです。

そこで、家族における1年間のイベント支出を確認してみましょう。

今年と昨年の手帳を見ながら、前のページの表に「毎月はかからないけれど、時々発生する特別な支出の予定とその金額」を書き出してみてください。

月ごとの支出をすべて書き上げたら、一番下に合計額を書き入れます。これがボーナスで使い道が決まっている金額です。

「知らない間にボーナスがなくなっている」と訴える方もいらっしゃいますが、こんなふうに見える化すると「知らない間に」じゃないことがわかりますよね。

なお、ボーナスがない場合は、毎月の家計の中からこれらの特別支出のお金を用意しなければなりません。1年間の予定総額を12で割った額を、毎月自動で積み立てて、〝自分ボーナス〟をつくりましょう。

なお、お金のことを頑張るのが夫婦のどちらか1人だけだと、改善効果が出るまでに時間がかかり、頑張り疲れがたまってしまいます。お金を使う主役は夫婦です。だからこそ、夫婦で話し合うことから始めてみてくださいね。

【年収240万円ママ】の注意点②

毎月1万円!?「スマホ費」の圧縮はあなどれない

今や、なくてはならないスマートフォンにタブレット、WiFi、有料アプリや有料放送。これらの普及により、通信費は15年前と比べると、4割近く増えています。あなたの家庭の通信費もそうではありませんか？

そんな中、「格安スマホ（格安SIM）」が登場し、通信費の節約にひと役買っています。

大手キャリア（NTTドコモ、au、ソフトバンク）利用者の月額平均支払額と格安SIMユーザーの平均額の差が5000円以上になるというデータがあります。通信費を見直すだけで、月額約5000円が簡単に、それも継続して節約できる可能性があるのです。

もしも月額5000円の見直しができれば、夫婦で月額1万円！　年間なら12万円の節約ができます。

このお金があれば、子どもの習い事を一

つ増やすこともできますし、家族旅行の回数も増やせますね。

通信費の見直しは、金額の大きさも嬉しいことですが、**一度頑張ったら毎月自動的に効果があるため、普段の生活でのストレスが減る**ことも魅力です。

大事なことは「一度頑張って行動する」。これだけです。

とはいえ、「通信費を見直したら効果はありそうだけど、正直、どこにすればいいのかわからない…」というのが大半の方の気持ちでしょう。

そこで、労力少なく見直す方法として、家電量販店やスーパーなどの1つの店舗に複数の携帯ショップが入っているお店の利用を提案します。ここなら複数のプランを同時に比べることができますし、場合によってはその場で手続きまで完了できるから便利です。

見直しに行く前には、ここ2〜3カ月の使用履歴を持って行くと、最適なプランがわかりますよ。

Column

妊娠・出産・育休中にもらえるお金、いろいろあります。しっかり活用！

すでに出産を経験した読者の方にとっては、ご存知のこともあるかと思いますが、社会保険の制度は変化し続けています。初めて出産するプレママはもちろん、2人目以降のママも、以前と制度が変わっているかもしれませんから、出産前のママは必ず目を通してくださいね。

妊娠がわかったら、市区町村にて「妊婦健康診査費助成制度」の手続きを取りましょう。自治体によって助成の回数や金額は異なりますから、里帰り出産を考えている場合は、実家のある自治体に確認しておきましょう。

会社員など勤務先の健康保険に加入しているママは、出産予定日の42日前から産前休業、産後56日目まででは産後休業（産休）が取得できます。その際、「出産手当金」として、給料日額相当分の3分の2を受け取ることができます（フリーランスのママが加入する国民健康保険にはありません）。

さらに、健康保険から「出産育児一時金」が子ども1人につき42万円受け取れます（専業ママには、パパが加入している健康保険から支給されます）。

また、児童手当（3歳未満：月1・5万円）は、申請の翌月分から支給されます。出産の翌日から15日以内に市区町村の窓口（公務員は勤務先）で手続きしましょう。

なお、会社員ママで育児休業（育休）を取ると、「育児休業給付金」として、当初6カ月間は給料日額相当分の67％、半年経過後からは子どもが1歳になる前日まで50％を受け取ることができます。産前産後には様々な給付がありますから、安心してくださいね。

妊娠・出産・育休でもらえるお金

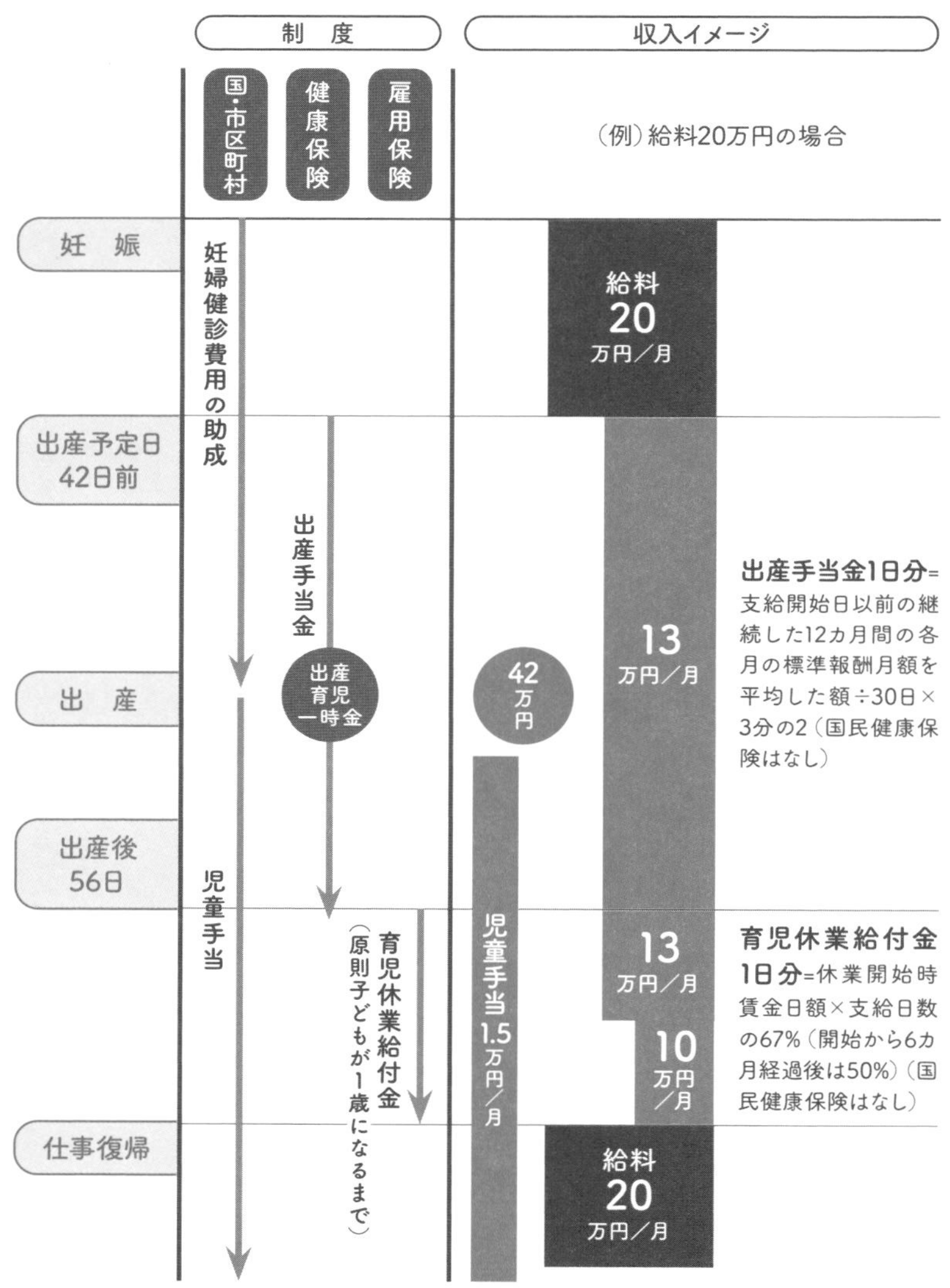

※実際の給付時期は、請求時期により異なります。

派遣社員も産休・育休手当はもらえるの？

「派遣社員も産休や育休って取れるんですか？」とよく質問されますが、答えはＹＥＳ！

産休中の出産手当金は、派遣登録をした派遣元の会社で健康保険に加入していれば受け取ることができます。

育休中の育児休業給付金も、1年以上雇用されていて、子どもが1歳6カ月になるまで労働契約が終了しないママは受け取ることができます。ただし、1年以内に派遣元との雇用関係が終了した場合や、働く日数が週2日以下の場合は受け取れません。

わからないことがあるときは、一人で悩まずに、派遣元や派遣先、ハローワークに相談しましょう。

パパの育休中の収入は？

育休を取っている間のパパの収入は、ママと同じく給料日額相当分の67％（当初半年間。それ以降は50％）が保証されます。パパとママが協力して育休を取る場合は、子どもが1歳2カ月になる前日まで取得することができる、「パパ・ママ育休プラス制度」があります。

なお、保育園に入園できず復帰できない場合は、子どもが最長2歳になるまで延長することができます。

収入が減ることや職場の調整に不安を感じることもあると思いますが、減った収入は後から稼ぐこともできます。幼い我が子との時間は今だけ。

子どもと過ごせる時間は意外と短いことを忘れないでくださいね。

親になって考える「扶養家族」。子どもは？ ママは？ 知らなきゃソンの豆知識

「子どもはパパとママ、どっちの扶養に入れるのがトクですか?」など、出産を機に税金や社会保険に興味を持つ方が増えています。

そこで、**扶養が関係する税金・健康保険・家族手当**についてお伝えします。

まずは、税金面です。

パパもママも会社員なら、年末調整の時期にどちらかが「給与所得者の扶養控除等申告書」に子どもの名前を書いて提出します。子どもが16歳以上なら扶養控除の対象なので、所得が高い方の扶養にした方がトクですが、15歳以下では、**所得税はどちらの扶養にしてもソン・トクはありません。**

でも、住民税は非課税制度があるので、15歳以下の子どもをどちらの扶養にするかでソン・トクが変わるケースがあります。15歳以下の子どもをパートで働くママの扶養に入れると、住民税がかからないことがあるのです。(住民税が非課税になるママの収入金額は、15歳以下の子どもの人数によって変わります)。ただし、パパの扶養から外すことで、パパの会社からの家族手当が受けられなくなったり、児童手当の所得制限に影響する場合もあるので、気になる方は、お住まいの自治体などに確認してください。

次は、健康保険です。

原則として、**収入が高い方**の扶養に入れますが、夫婦で同じぐらいの収入の場合は、**健康保険の給付が手厚い方**に手続きしましょう。

実は、国民健康保険や中小企業が加入する全国健康保険協会（協会けんぽ）の給付は一律ですが、大企業の健康保険組合には、医療費の家計負担が重たくならないように、自己負担を減額する高額療養費の

子どもの扶養はどっちに入れる?

税金
パートママの住民税に影響あるかも

家族手当
収入が高い方・世帯主

健康保険
収入が高い方

給付が手厚かったり、差額ベッドや予防接種などの補助が出たりするところがあるのです。

なお、税金の扶養と健康保険の扶養は、制度上、異なっても問題ないため、税金は妻の扶養、健康保険は夫の扶養ということもできます。

最後は、家族手当です。

会社によっては、子ども1人あたり月数千円の家族(扶養)手当があります。手当の有無や金額は企業によって異なるので、勤務先に確認しましょう。

なお、**家族手当を受け取るのは、一般的には健康保険等で子どもを扶養にした人や世帯主**です。子どもを健康保険の扶養に入れた世帯主のパパの勤務先には家族手当がなく、ママの勤務先は家族手当があったとしても、ママは家族手当がもらえないのが一般的です。

産休・育休をとったママ・パパのための特例措置 知らなきゃ今も将来もソンするかも?

産休・育休中の社会保険料ってどうなるの?

会社員や派遣社員など、自分で厚生年金などの社会保険料を納めていた人の**産休・育休中の社会保険料は免除**されます。納めなくても、老後の年金を計算する際は、保険料を納めたとして計算されるから安心です。

また、個人事業主やその妻として自分で国民年金保険料を納めている人は、産前産後の期間は国民年金保険料を納めなくても老後の年金は納めたものとして計算してくれます(届け出が必要)。

復帰後の社会保険はどうなる?

ママなら産休・育休から復帰、パパなら育休から復帰した際、休む前に比べて給料が少なくなったときは、会社に「産前産後休業終了時報酬月額変更届」や「育児休業等終了時報酬月額変更届」の手続きを申し出ましょう。これらの書類が日本年金機構に提出されると、復帰後3カ月間の減った給料の平均額を出し、減った給料に応じた少ない厚生年金・健康保険料を4カ月目から納めるようにできます。助かりますね。

でも、納める厚生年金保険料が減ると、老後の年金も減るため、会社を通じて年金事務所に「**養育期間標準報酬月額特例申出書**」を提出します。すると、老後の年金を計算する際は、休む前の高い給料で計算してくれるのです。これなら安心ですね。期間は子どもが3歳になるまで。2年前までさかのぼれます。

産休・育休に伴う社会保険の特例措置のイメージ

月	収入	社会保険料
4月	通常の給料20万円	20万円に対する社会保険料を納める
5月	●出産手当金44万円 ●出産育児一時金42万円	産休・育休中の社会保険料は免除
6月		
7月		
8月	育児休業給付金121万円	
9月		
（翌年）5月		
6月	復帰：時短勤務により給料16万円	産休・育休前の20万円に対する社会保険料を納める
7月	時短勤務により給料16万円	
8月	時短勤務により給料16万円	
9月	時短勤務により給料16万円	復帰後3カ月間の平均16万円に対する社会保険料を納める

ママが正社員でもパパの扶養に入れるの？

「ママが正社員だとパパの扶養に入れない」と思いがちですが、出産の時期によっては、税金面でパパの扶養に入れることがあります。

2018年から配偶者特別控除の制度が変わりました。パパの給与収入が1095万円（所得900万円）以下の場合、ママの給与収入が150万円までなら、パパは配偶者控除または配偶者特別控除を全額使えますし、201・6万円までは配偶者特別控除が段階的に使えます。これにより、パパの税金が安くなるのです。

「でも、産休や育休の手当をもらっているから」と、がっかりするのはまだ早い！

産休時の出産手当金や出産育児一時金、傷病手当金、育休時の育児休業給付金は非課税なので、口座に振り込みがあっても、税金を計算する時の収入には含みません。給料とボーナスの合計額が201・6万円までなら、パパの扶養に入れるチャンスです。

つまり、1月から12月の1年間のうち、産休・育休の期間が長く、ママの給与収入が201・6万円以下なら、パパの会社に申し出て税金面での扶養に入れます。すると、配偶者控除や配偶者特別控除が使えてパパの所得税・住民税が安くなるのです。

たとえば、年収400万円のパパの扶養に入る場合で、ママの給与収入が150万円以下なら所得税と住民税で合計約5万円、パパの納める税金が安くなります。

翌年の市区町村民税額が下がれば、保育料も安くなるかもしれませんよ。

正社員ママも、パパの扶養に入れる！

ママの給料とボーナスの合計額が201.6万円以下ならチャンス

パパの給与収入が1095万円以下の場合※

ママの給与収入が 150万円まで

▶▶▶ **パパが配偶者控除、または、配偶者特別控除を全額使える！**

ママの給与収入が 150万～201.6万円

▶▶▶ **パパが配偶者特別控除を使える！**

すると！

パパの所得税と住民税が安くなる！
翌年の保育料が安くなる可能性も！

※パパの給与収入が1095万円から1195万円までは控除額が減額され、1195万円超ではこれらの配偶者に関する控除が全く使えません。

【年収400万円ママ】の注意点①

ママが正社員なら、パパの死亡保険はほぼ不要!

パパにもしものことが起こったとき。ママと子どもが困らないために…と、パパに死亡保険をたくさんかけていませんか?

死亡保険が必要な人は、「誰かを養っている人」です。

でも、もしもパパが亡くなった場合でも、**ママに子どもを養うだけの収入があるのなら、パパの死亡保険は、ゼロ円でいいかもしれないのです。**

わたしたちは、学校や会社でお金のことを学んでいません。だから、もしものことというと、すぐに保険会社や共済の保険ばかり考えてしまいます。

でも、わたしたちは、すでに保険に加入していますし、その保険料も毎月支払っています。そう、それが「**社会保険**」です。

死亡保険は、まず①国の保障(国民年金・厚生年金保険)、次に②職場の保障、最後が③貯蓄や民間保険などの自助努力という

日本には手厚い保障がある

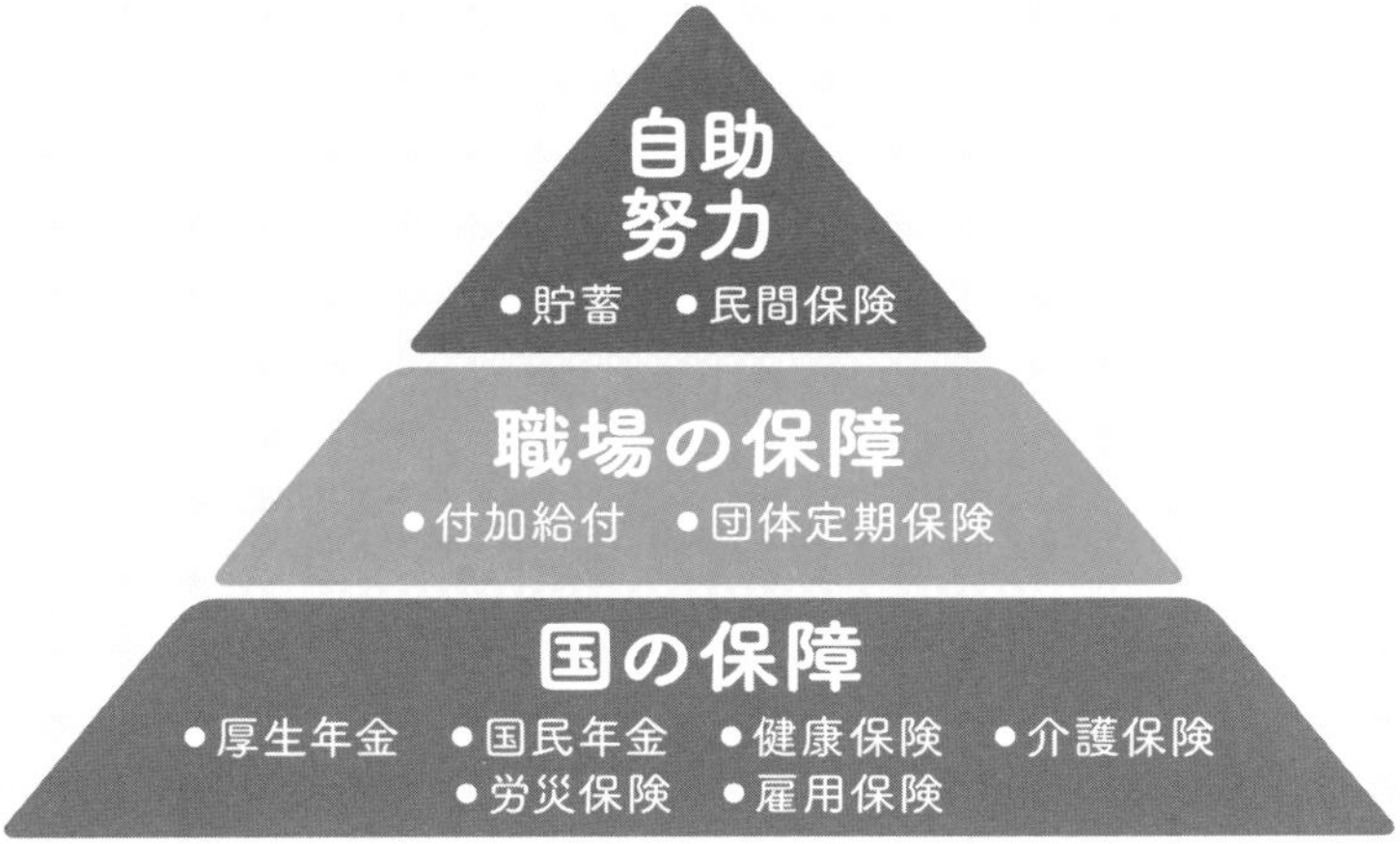

自助努力
- 貯蓄
- 民間保険

職場の保障
- 付加給付
- 団体定期保険

国の保障
- 厚生年金
- 国民年金
- 健康保険
- 介護保険
- 労災保険
- 雇用保険

順番で考えます。

会社員や公務員は、厚生年金保険と国民年金の両方の保障があります。個人事業主とその妻、そして、会社員パパの扶養に入っているママには国民年金の保障があります。死亡保険が気になるのなら、まずは、国の保障内容を知ることが重要ですよ。

よく、「子どもが生まれたら〇千万円」と、パパに死亡保険が必要といわれますが、実は、**もしものときに死亡保険が必要かどうか、そして必要ならいくら必要なのかは、計算でちゃんと出せます。**

死亡保険の必要性は、子どもが就職するまでにかかる支出に加え、残されたママが仮に90歳で亡くなるまでの一生分の支出

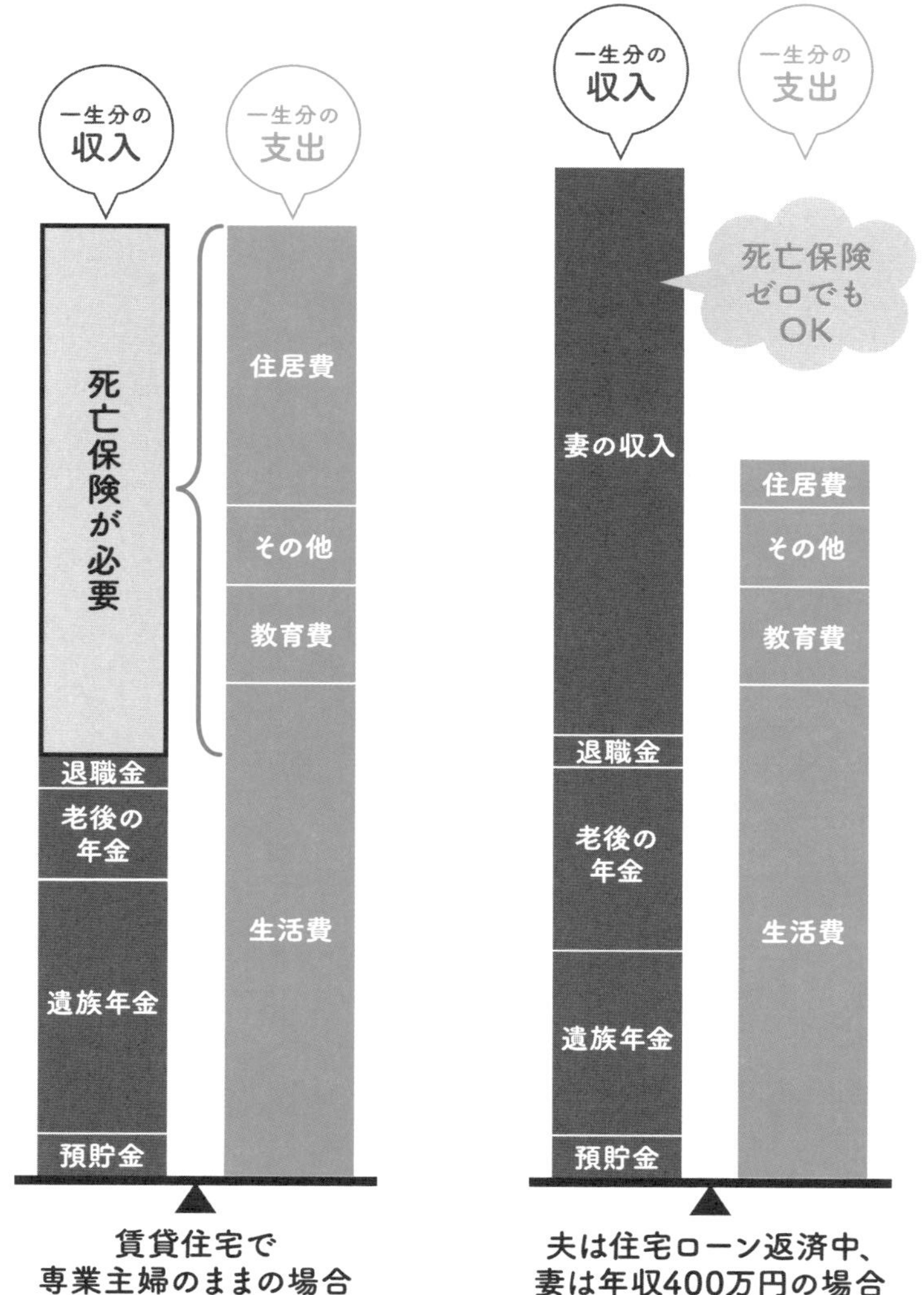
パパのもしものとき、ママの収入と
その後の住居費で保険の必要性が変わる
一生分の収入
一生分の支出
死亡保険が必要
退職金
老後の年金
遺族年金
預貯金
住居費
その他
教育費
生活費
賃貸住宅で
専業主婦のままの場合
一生分の収入
一生分の支出
死亡保険
ゼロでも
OK
妻の収入
退職金
老後の年金
遺族年金
預貯金
住居費
その他
教育費
生活費
夫は住宅ローン返済中、
妻は年収400万円の場合

と、一生分の収入を比較します。死亡保険が必要なのは、一生分の収入よりも一生分の支出のほうが多い場合です。

では、共に30歳の夫婦で、パパは年収400万円の会社員、3歳と1歳の子どもがいて、もしもパパが亡くなった場合、パパに死亡保険はいるのでしょうか？

右の図のように、同じ家族構成でも、もしもの時の遺されたママが働くのか、働かないのか、そして、賃貸住宅なのか、持ち家なのかによって、保険の必要性はこんなに変わります。

死亡保険のカギを握るのは、残されたママの働き具合と住居費。今現在働いていなかったとしても、「もしものときには働く！」と腹をくくる（？）だけで、パパの死亡保険はいらなくなるかもしれませんよ。

特に、ママが「働く」ということは、現在の収入を増やすという直接的な効果に加えて、もしものときの保障の見直しや、老後の年金アップにもつながることを、この機会に知ってくださいね。

なお、もしもの時に国から受け取る遺族年金は、ママが亡くなってパパが子育てするときは少ないのが現実です。そのため、パパよりもママに死亡保険が必要なケースも増えています。

遺族年金の制度は複雑です。日本年金機構に問い合わせたり、遺族年金の目安額を計算してくれるファイナンシャルプランナーに相談したりしてみてください。

【年収400万円ママ】の注意点②

膨らむ出費に、「優先順位」会議はマスト

世帯収入にも余裕がでてくる、夫婦共に正社員の共働き世帯は、なにかと支出がふくらみがち。それも「この支出はこだわっているからお金をかけたい」というよりは、「なんとなく」使っているお金が多いのが特徴です。

でも、全てを引き締める…となると、「こんなに頑張って夫婦で働いているのに」と、ストレスがたまりかねません。そこで、家計の中で優先順位をつけることで、お金をかける支出と引き締める支出を決めませんか？　かけるところにはかける！　引き締めるところは引き締める！　**メリハリボディならぬ、メリハリ家計**をつくりましょう。

「幸せ温度計」ワークのやり方はカンタン！用意するものは、フセンとA4用紙2枚だけです。

140ページのステップに沿って、同じものを2セットつくり、夫婦でやってみてください。

来年度予算委
いいですか？
なんでここまで
パソコングッズの
出費が多いの
でしょうか？
一つあれば
十分だとは
思いませんか？
それに関しては
以前にキチンと
説明を致しました！
逆に聞きますが
貴方の靴です!!
あれだけの種類を
用意する理由を
お聞かせかせかせ下さい
ねぇねぇ
いつまで
続くの？
・・・
まずは
優先順位から
決めようか？
そうね
教育費は
削りたく
ないしね

「幸せ温度計」ワークの進めかた

① **フセンとA4用紙2枚を準備する。**

② **フセン1枚につき支出ひとつを書き出したものを、2セットつくる。**

（例）食費、日用品、洋服代、化粧品代、交際費、趣味のお金、ペット、水道光熱費、通信費、新聞代、交通費、住居費、車代、保険料、レジャー費、子どもの教育費など

③ **A4用紙に、支出を書いたフセンを、夫婦それぞれが自分が幸せになれる支出の順番に、上から下に並べる。**

大事なことは、「家賃が高いから一番上」とか「住むところは絶対に必要だから上の方」という金額や必要性ではなく、**「自分がここにお金をかけると幸せ」「この支出だけは削りたくない！」という想いや価値観を重視すること**です。

たとえば住居費です。「眠る場所があれば十分」と思うのなら優先順位は低く、「気持ちよく生活するために家は大事！」と考えるのなら優先順位は高くなります。

夫婦の優先順位はどのようになりましたか？

夫婦とはいえ、お互い別の人間ですから、頭では考え方が違うことはわかっていても、「どこが違うのか」というのは、普段

の生活ではなかなか明確になりません。でも、「幸せ温度計」ワークなら簡単だし、時間もかからず、ゲーム感覚で行えます。

今まで夫婦でお金の話をすると、すぐにケンカになったという人も、「幸せ温度計」ワークで大切にしている支出や価値観が見える化できると、「あぁ、優先順位が違うからケンカになってたんだ」と、冷静に判断できるはず。

なお、このワークは、子どもがたくさんモノを欲しがったときの、優先順位づけにも使えますから、子どものお金の教育にも使ってみてくださいね。

さて、「幸せ温度計」ワークで自分が大切にしている支出がわかったら、今度は、さらに人生を充実させるための見直しです。

見直しは、優先順位が低いものから行います。例えば、2人とも通信費が下の方にあったのなら、2人共通の楽しみのための費用や子どもの教育費をつくるために、ケンカせずに通信費から見直すことができます。

優先順位が低い支出の見直しなら、カットするストレスも少なくてすみます。そして、見直しのための労力も時間も、「自分が本当にやりたいことにお金をかけるため」と思えば、きっと頑張れるはずです。

夫婦で優先順位が大きく異なるときは、その支出にかける思いを相手に伝え、パートナーの思いにもしっかりと耳を傾けてくださいね。

「大病に備えて医療保険に入らなきゃ!」の前に自己負担額を知っておこう

「この保険って高いですか？　安いですか？」
「この保険って良いですか？　悪いですか？」

保険のご相談にいらっしゃる方のよくある質問が、この2つです。

確かに保険に入るのなら、良いものに安く入りたいですよね。そのお気持ちはよくわかりますが、保険の加入ありきで考えていませんか？

一番大切なことは、「保険がいるか、いらないか」です。

保険が必要であれば、保険料が高くても加入する必要がありますし、不要であれば、どんなに保険料が安くてもその保険をやめたほうが、子どもの教育費や貯蓄にあてるお金を増やすことができます。保険を考える際は、まずは必要かどうか、必要ならばいつまで、いくら必要なのか、ということを考えるのです。

「もしも入院したら？」の不安に備えるときも、死亡保険の135ページの図と同じように、考える順番は下からです。まずは①国の保障（健康保険・国民年金・厚生年金保険）、次に②職場の保障、最後が③貯蓄や民間保険などの自助努力、この順番ですよ。

もしも入院したら、医療費はいくらかかるの？

もしも入院した場合の医療費の自己負担は、ざっくり1回9万円です。

左ページの傷病別の例を見ると、健康保険の対象となる治療を受ける限りは、9万円あれば乗り切れることがわかるでしょう。もちろん入院している間の食事代もかかりますが、食事代は入院していなく

入院したときの自己負担額は？

入院時の自己負担額の例（目安年収約370万～770万円の場合）

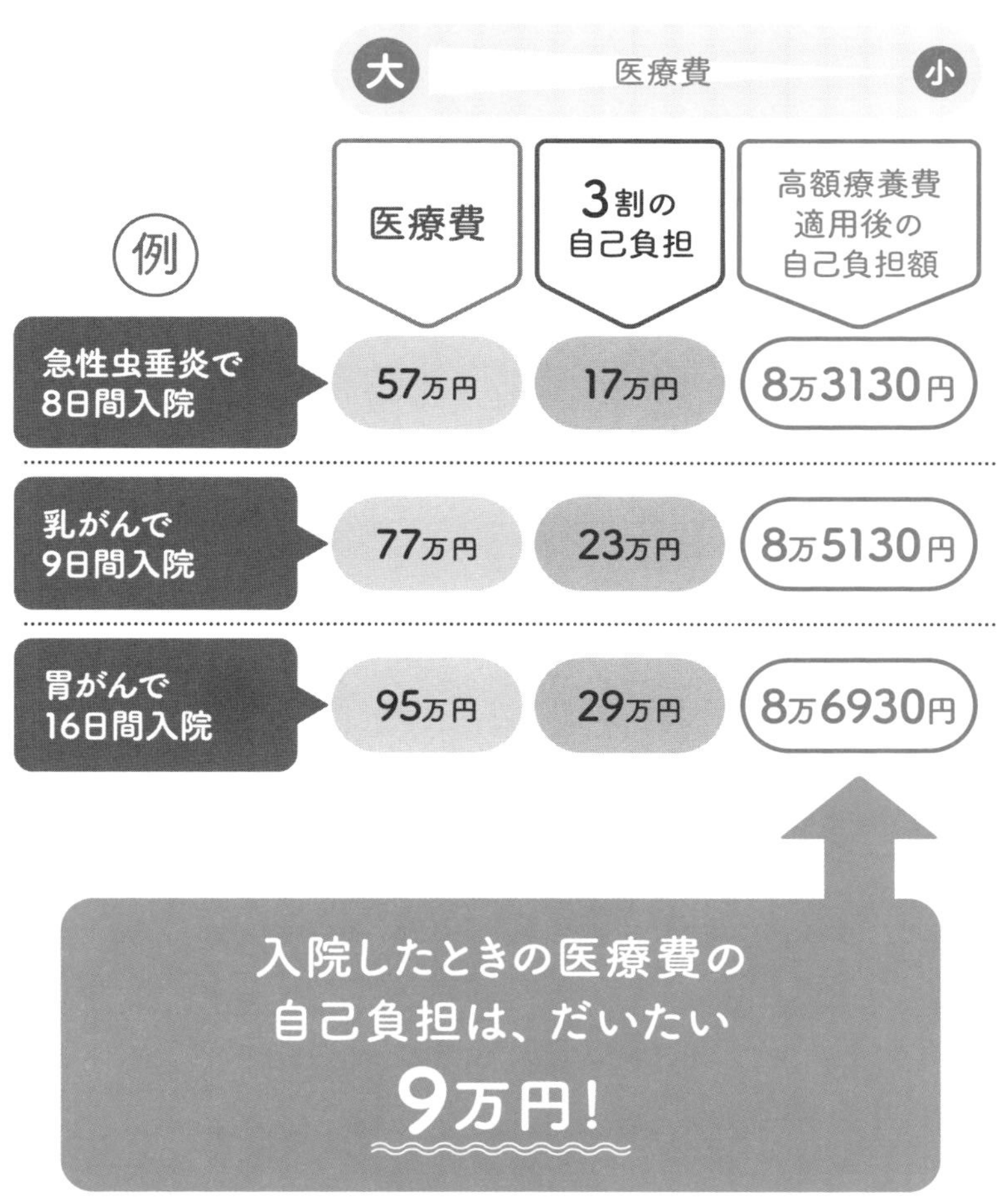

※公益社団法人全日本病院協会「医療費」2019年度年間集計より。

ても必要ですよね。だから、約9万円の貯蓄があれば、医療費はなんとかなるのです。

健康保険と障害年金を味方にしよう

ここからは、医療費の自己負担が9万円となる理由についてお伝えします。

わたしたちは、毎月、あるいはボーナスからも健康保険料や年金保険料を納めています。それなのに、国が用意している「保険」を忘れている（あるいは、誰も教えてくれないからそもそも知らない!?）人がとても多いのです。せっかく保険料を納めているのだから、使わないテはありません。

医療費の自己負担を少なくする「高額療養費」、働けないときの収入をカバーしてくれる「傷病手当金」、「障害年金」を活用しましょう。

高額療養費は、パパもママも子どもも、誰もが使える制度です。

1日から月末までの1カ月間で医療費が高額になった際、一定金額を超える分を健康保険が高額療養費として負担します。そのため、医療費の自己負担額は報酬月額（4月～6月の給料等の平均額）が27万～51・5万円未満の人で約9万円、報酬月額が27万円未満の場合は一律約6万円ですみます（住民税非課税世帯除く）。

さらに、主に大企業などの健康保険組合に加入している人は、高額療養費に上乗せされる付加給付という手厚い給付があるかもしれません。付加給付があれば、自己負担が2・5万円や5万円までとさらに少なくなります。健康保険組合に加入しているパパやママは、付加給付の有無と内容を確認しましょう。

次は、傷病手当金です。

傷病手当金は、勤務先の健康保険に加入して働く本人が、病気やケガで会社に行けず、十分な給料が出ないときに、給料日額相当分の3分の2を受け取ることができる制度です。連続して3日休んだ後、4日目からが傷病手当金の対象のため、有給休暇を使い果たした後に会社を休んでも、収入がゼロになるこ

働けないときの収入をカバーしてくれる制度

会社員や派遣社員等が長期間働けない場合

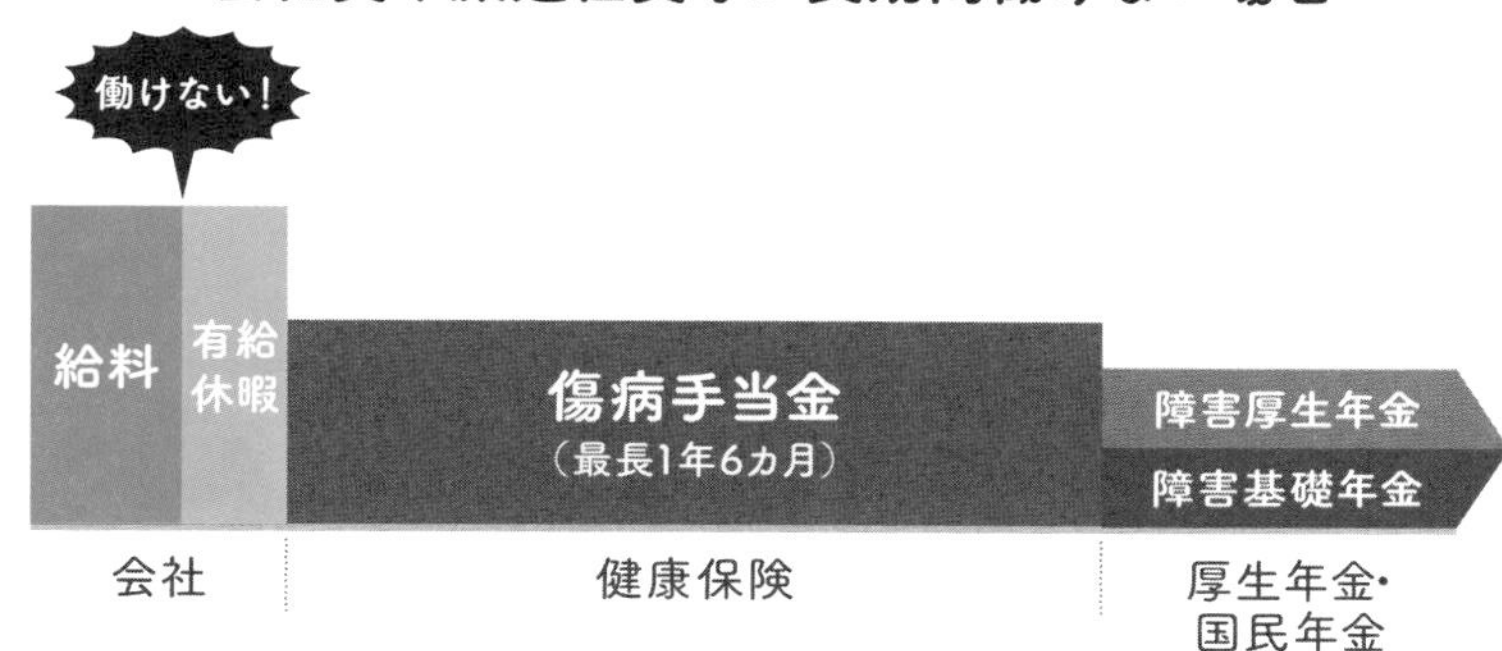

個人事業主やパートママ＆専業主婦が長期間働けない場合

働けない！

収入

障害基礎年金

原則初診日から1年6カ月経ったとき

国民年金

とはないのです。

　さらに、健康保険組合によっては、傷病手当金にも上乗せの給付があったり、期間の延長があったりするところもあります。

　なお、傷病手当金は最長1年6カ月で終了しますが、その後も障がいが残り、日常生活に支障がある場合は、障がいの程度に応じて障害年金を申請します。

　個人事業主、パートや専業ママの場合は、障害基礎年金を受け取ります。そして、会社員や公務員などの厚生年金に加入している人は、障害基礎年金に上乗せして、障害厚生年金も受け取ることができます。

　このように、入院した場合や障害状態になった場合は、**誰にでも「高額療養費」と「障害基礎年金」制度**がありますし、**会社員や公務員なら、さらに「傷病手当金」と「障害厚生年金」制度**もあります。

　あなたはこれらの国の保険を知ったうえで、保険会社の保険や共済を検討しましたか？

　この本を読んで「大丈夫かな？」「入りすぎ？」と思った人は、ぜひ、一度頑張って見直しましょう。


　足りなかった人は保険でカバーする金額がわかることから、もしものときの安心が得られます。多すぎた人は、節約できた保険料を子どもの教育費や家族のレジャー費などにあてることができますよ。

専業ママの賢いお金のルール

まとめの名言！

個人賠償責任保険は「一家に1つ」たくさん入ってもムダ

自分の子が自転車でお友達にケガをさせてしまったら…と心配になるあまり、保険に多重加入していませんか？　たくさん加入しても保険金は重複して受け取ることはできません。セット保険など見直しを！

年収1000万円ママの賢いお金のルール

子どもと一緒にいる時間がパパより長いママは、気が付くとおやつ代や教材費、文房具代などの支払い担当になってしまい、不公平を感じがち。それを防ぐために「封筒金庫」を活用してみて！

まとめの名言！

「子どもの雑費はいつもママが払う」から脱出！

共働き家計は3タイプのルール

まとめの名言！

「支出分担」夫婦は見える化で貯蓄アップを

共働き夫婦の典型は、支出分担派。でもこれでは、収入も支出も見える化できず、お金が貯まりにくい弱点が。妻の収入を貯蓄する方法は、お金は貯まっても夫の関心が下がるため、夫婦で納得できる管理方法を見つけましょう。

高収入共働き世帯の保険のルール

まとめの名言！

ママが正社員で持ち家なら
パパの死亡保険は不要かも！

妻が正社員で働く持ち家世帯や、もしものときは働く覚悟のある専業ママなら、パパの死亡保険はゼロでOKなことも。遺族年金があるから一生分の支出より一生分の収入の方が高くなる可能性大なんです。

かけたいお金の優先順位ルール

夫婦ゲンカの原因のひとつは、ママとパパでお金をかけたいものと、かけたくないものが分かり合えていないこと。お互いの価値観を見える化するために、「幸せ温度計ワーク」を試してみて。

まとめの名言!

夫婦で「優先順位会議」を。メリハリ家計が実現!

学校でケガをしても、医療費ゼロ円!?

子どもが学校や部活、登下校中にケガをしても、治療費はゼロ円で済むことをご存知ですか？　実はゼロ円どころか、かかった医療費の1割分がプラスして給付されます。例えば、病院での医療費が1万円で、窓口で3割の3000円を自己負担した場合、後日4000円（自己負担+医療費の1割分）の給付を受けることができます。この手厚い給付が、学校単位で加入している日本スポーツ振興センターの「災害共済給付」制度です。忘れずに保健室に連絡しましょう。

第4章

「親世代」とは全然違う！「私世代」のお金の㊟新ルール

収入カーブ、妻の働き方、経済環境、寿命。親世代とはまったく違うお金の使い方&貯め方

今は、預貯金には利息がつかないと思われているほどの超低金利時代。ゆうちょ銀行の通常貯金の金利は0・001%ですが、実は預貯金の利息には約20%の税金がかかります。そのため、税引き後の金利は約0・0008%。1000万円のお金を1年間預けても、80円の利息しか受け取れません。これが30年前なら金利が1・68%でしたから、税金を差し引いても1・344%の利息が付き、13万4400円が受け取れたのです。今と全く違いますね。

親世代と私世代、どう変わった?

	親世代(1989年)	私世代(2019年)
男性の平均初婚年齢	28.5歳	31.2歳
女性の平均初婚年齢	25.8歳	29.6歳
平均第一子出産年齢	27.0歳	30.7歳
大学進学率	30.7%	54.8%
婚姻件数	70万8316組	59万9007組
離婚件数	15万7811組	20万8496組
35年住宅ローンの最低金利	4.55%	1.05%
ゆうちょ銀行の通常貯金金利(税引前)	1.68%	0.001%
定年退職	55歳	60歳 希望者は70歳まで雇用の努力義務あり
国民年金保険料(1カ月)	8000円	1万6410円
老齢基礎年金額	60万6000円	78万100円
健康保険の自己負担割合(働く本人)	1割	3割
男性の平均寿命	75.91歳	81.41歳
女性の平均寿命	81.77歳	87.45歳

※出所等は157ページに記載

その反面、住宅ローンの金利は、親世代の頃の4分の1ほどまで下がり、利息負担は軽くなりました。

また、親世代と平均寿命を比べると約6年延びましたし、男性の**4人に1人、女性の3人に2人は90歳以上生きていく**時代に突入しています。しかしながら、本来は喜ばしいものであるはずの長寿が、最近では「長生きのリスクに備えよう」と、不安材料のように言われるのは残念なことです。

そんな時代の状況を踏まえてお金の増やし方、住宅の考え方、老後の生活などを見直すと、親世代とは異なる「正解」が出てきました。「親がやっていたから」という理由だけで、なんとなく同じライフスタイルで過ごしていると、これからの家計はマイナスに向かう可能性があります。

老後は、現役時代のように収入を増やすことが難しいからこそ、仮に100歳まで生きても大丈夫な骨太家計を今から作ることが欠かせません。だって、老後のお金と心のゆとりは、今の毎日の積み重ねがつくるのですから。

教育費は、〝ざっくり〟知って、〝コツコツ〟準備。

家計は、〝がっちり〟学んで、〝賢く〟実践。

最後の第4章では、子育て真っ最中でいらっしゃるみなさんが知っておくべき、お金の〝新〟ルールをテーマごとに見ていきましょう。

155ページ表データ出所：
厚生労働省「人口動態統計」、文部科学省「文部科学統計要覧」、住宅金融支援機構「旧公庫融資基準金利の推移」「住宅金融支援機構フラット35借入金利の推移」、財務総合政策研究所「財政融資基準金利の推移」「財政金融統計月報」、日本年金機構「国民年金保険料の変遷」、厚生労働省「生命表」

「副業で儲かった！」いくらからが申告ライン？

「働き方改革」により、最近は副業を認める会社が増えています。これにより、本業以外での収入も得やすくなりましたが、注意したいのが税金です。

会社員の税金は給料から天引きされ、年末調整で納税完了ですが、副業がある場合は原則、確定申告が必要です。

2カ所から給料を受け取り、2カ所目の収入が20万円を超えると、確定申告をしなくてはなりません。また、手作りアクセサリーをアプリなどで売った場合は、「売上から必要経費を差し引いた利益」が、会社員なら20万円、専業主婦（夫）なら48万円を超えたときに確定申告が必要です。

「知らなかった！」では済まされないので、副業を始めるなら税金の知識が必須ですよ。

なお、使っていた生活用品をアプリなどで売って得た利益は、いくらになっても税金の対象外です。

「副業で儲かった!」いくらからが申告ライン?

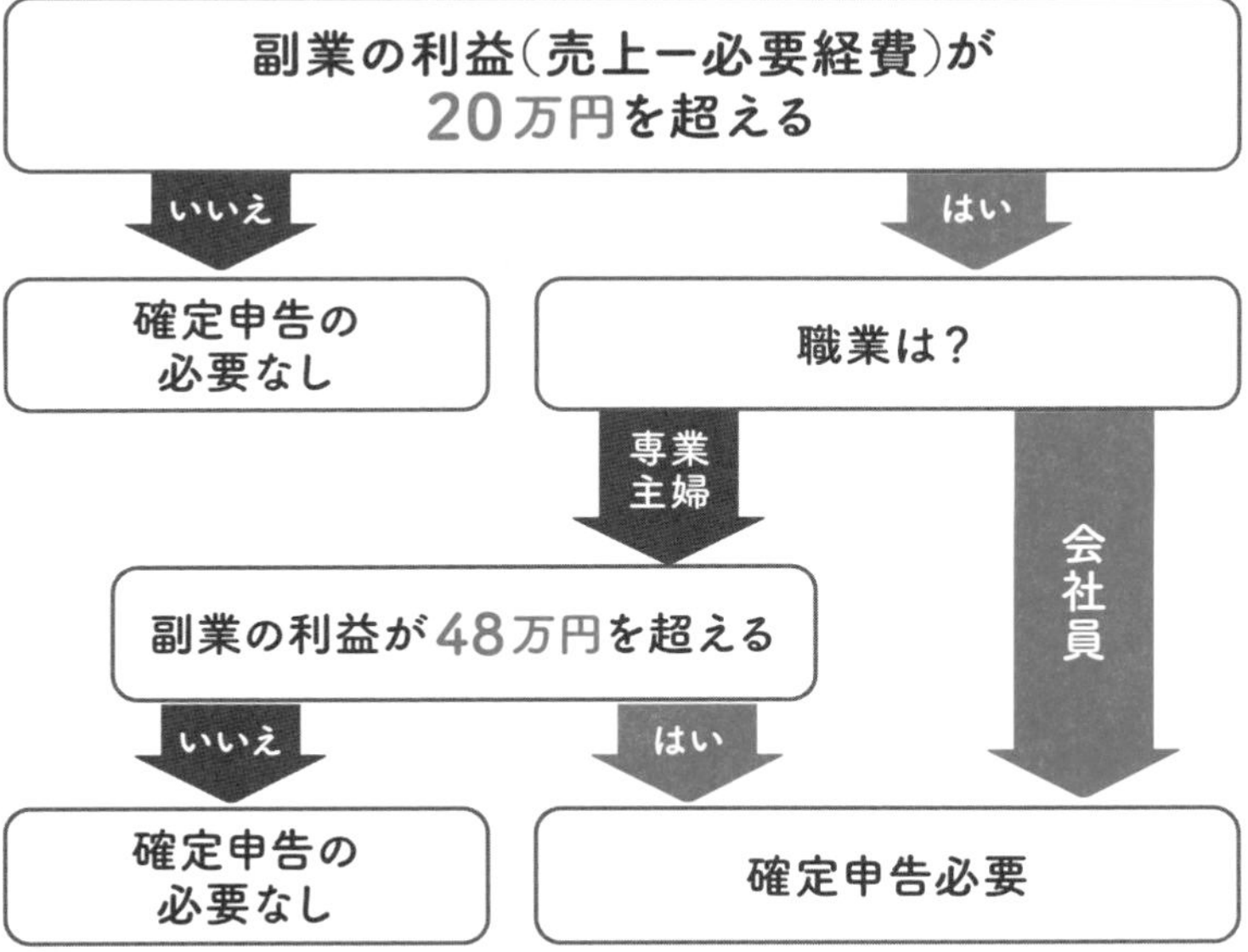

子どもが成長して着なくなった服やおもちゃなどを売って得た利益、クレジットカードのポイント・マイルは、原則として確定申告する必要はありません。

現在、起業を検討中。個人、法人、どっちがいいの？

新型コロナウィルスの影響もあり、働き方が変わり、起業を考える人が増えています。

起業の際、個人事業主と会社のどちらにするか、税金面に注目する人が多いのですが、子育て世帯は「もしものときの保障の違い」も知っておきましょう。

個人事業主の良さは、起業のしやすさです。国税庁のサイトから開業届をダウンロードして必要事項を記入して提出したら、これであなたも個人事業主です。手軽ですが、国民年金第1号被保険者となるため、もしもの保障は最低限しかありません。

一方、自分で会社を設立して会社から給料を受け取ると、会社員と同じ保障があります。従業員が0人でも、自分1人でも会社はつくれます。設立時や維持にコストはかかりますが、もしものときの保障が手厚くなることを含めて検討しましょう。

起業を考えたときに知っておきたい社会保険&税金知識

		会社員	起業	
			個人事業主	会社と代表者
社会保険	年金制度	厚生年金・ 国民年金	国民年金	厚生年金・ 国民年金
	年金保険料	給料の9.15%	国民年金保険料 月額約 1万7000円	会社と本人 合わせて給料の 18.3% (2分の1ずつ負担)
	健康保険料・ 介護保険料	給料の約5～6% 前後	前年の所得による	会社と本人 合わせて給料の 約10～12% (2分の1ずつ負担)
	死亡したとき	遺族厚生年金・ 中高齢寡婦加算・ 遺族基礎年金	遺族基礎年金	遺族厚生年金・ 中高齢寡婦加算・ 遺族基礎年金
	長期間 働けないとき	傷病手当金	なし	役員給与・または 傷病手当金
税金	税率	所得税+住民税=15～55%		会社: 法人税+法人住民税21～34% 代表者: 所得税+住民税 15～55%
	赤字のとき	―	納税の必要なし	最低約7万円

「街」に住む？「郊外」に住む？ウィズコロナで変わる、住まいの条件

「新しい生活様式」と呼ばれる日常生活では、マスクにアルコール消毒が当たり前になりました。仕事では、通勤や職場での密集を避けるため、リモートワークが一気に加速しています。しかし、これまで自宅で仕事をすることがなかった会社員にとっては、オンライン会議の度にリビングを片づけたり、子どもが入ってこないように言い聞かせながら寝室にこもって仕事をしたりという現状で、なかなか大変なようです。

誰もがリモートワークを選べるわけではありませんが、勤務先がリモートワークを推進しているママ・パパの中には、仕事部屋を想定した住み替えや郊外・他府県への移住、「ワーケーション」という働きながら休暇を取る新しいスタイルを目指した住まいを検討する人も増えています。

ウィズコロナで住まいに求める条件が変化

- Wi-Fi環境を整備したい
- リモートワークができる仕事部屋がほしい
- オンラインで習い事や塾の授業を受けたい
- 自宅内で趣味を楽しみたい
- 玄関に近いところに洗面所を設置したい
- 密集度が少ない地域に住み替えたい

地方・郊外移住する場合収入や支出はどうなる?

下がる

- 収入や福利厚生
- 住居費
- レジャー費
- 教育費

など

上がる

- 交通費
- 車両購入費用
- 通学費用
- 遠方大学の場合の仕送り費

など

住まいのギモン、賃貸と購入。100年生きるとしたら、どっちがお得なの？

「賃貸VS購入」どっちが得か。

家を買いたいと思ったら、高い買い物であるだけに、ソントクが気になって当たり前でしょう。

ただし、その考えの背景には、みなさんの親世代から知らず知らずのうちに「家は財産」と刷り込まれていたり、「家賃はいくら払っても自分のモノにならないから、買った方がトク」というソントク基準を鵜呑みにしていることがあります。親や祖父母世代は、土地の値段が右肩上がりだった時代ですから、いざとなったら買った時よりも高く売れました。でも、今は「空き家問題」という言葉が生まれるほど、不動産は余ってきています。「いざ」となっても、売ることも貸すこともできない可能性さえあるのです。

また、家を継ぐという意識も変わり、親の家にそのまま住む人は少なく、子どもは子どもで自分の仕事やライフスタイルに合った住まいを持ちます。もしかしたら、あなたの子どもは将来海外で過ごしているかもしれません。

そんな状況の中、**「子どもに残してあげられるから家を買う」「金利が低いから家を買う」ということが、本当にあなたと子どもにとって、ベストな答えなのでしょうか。**

一度立ち止まって、自分たち家族が「なぜ家を買いたいのか」「マイホームを買った後の生活の楽しみは?」「子どもが独立したあとはどうするの?」という観点からも考えてみましょう。

良くない例は、最初は自分たちの希望を叶えてくれる家を探していたはずなのに、**「こっちのほうが駅近だから高いけれど、いざとなったら、売るか貸すかできるかも」**と、違う観点から物件を判断するようになるパターンです。他にも、**「家を買おうと思うんですが、毎月のローンが大変だったら、子どもは1人のままでいいと考えています」**というように、家か子どもかという二者択一で考えてしまう人もいます。

もちろん無理なローンを組むことは厳禁ですし、様々な可能性を考えたうえで計画的に買うことは賛成です。でも私はソントクよりも、買った後に家族全員が幸せになれる、前向きな買い方をしてほしいのです。

さて、前置きが長くなりましたが、お待ちかねの「賃貸VS購入どっちがオトク？」を、数字で比較してみましょう。

「家賃並み返済」という言葉がありますが、実際に物件を購入すると、毎月の負担は住宅ローンだけではすみません。毎年固定資産税がかかりますし、お風呂などの水回りのメンテナンスの費用も掛かります。また、マンションならば管理費・修繕積立金や駐車場代が、一戸建てなら外壁塗装の費用も必要です。つまり、**「賃貸VS購入」を考えるときは、購入時や購入後の諸費用も含めた長期の総住居費で比較する**必要があるのです。

家賃9万円の賃貸より3500万円の一戸建てのほうが安い

次のページの図は、35歳から100歳までの総住居費を比較したものです。65年間の総住居費からは、**家賃9万円を払うのなら3500万円の一戸建てを買ったほうが安くなりますが、家賃9・6万円を払うのなら、3500万円のマンションを買ったほうが安い**ということになりました。

また、都市部にお住まいの方のために、5000万円の物件でも比較しました。すると、**家賃11万円なら5000万円の一戸建ての購入とほぼ同じで、家賃13・8万円なら5000万円のマンションを買うほうが安くなりました。**

ここまでご覧いただいた通り、**「賃貸VS持ち家、どっちがオトク？」という質問の答えは、「前提条件による」という答えが、正解**です。

だからこそ、**「何を求めて家を買いたいと思ったのか」という、買いたいと思った理由、さらには、あなたが家に求める価値観が最も重要**なのです。

35～100歳の住宅費総額比較 3500万円の物件

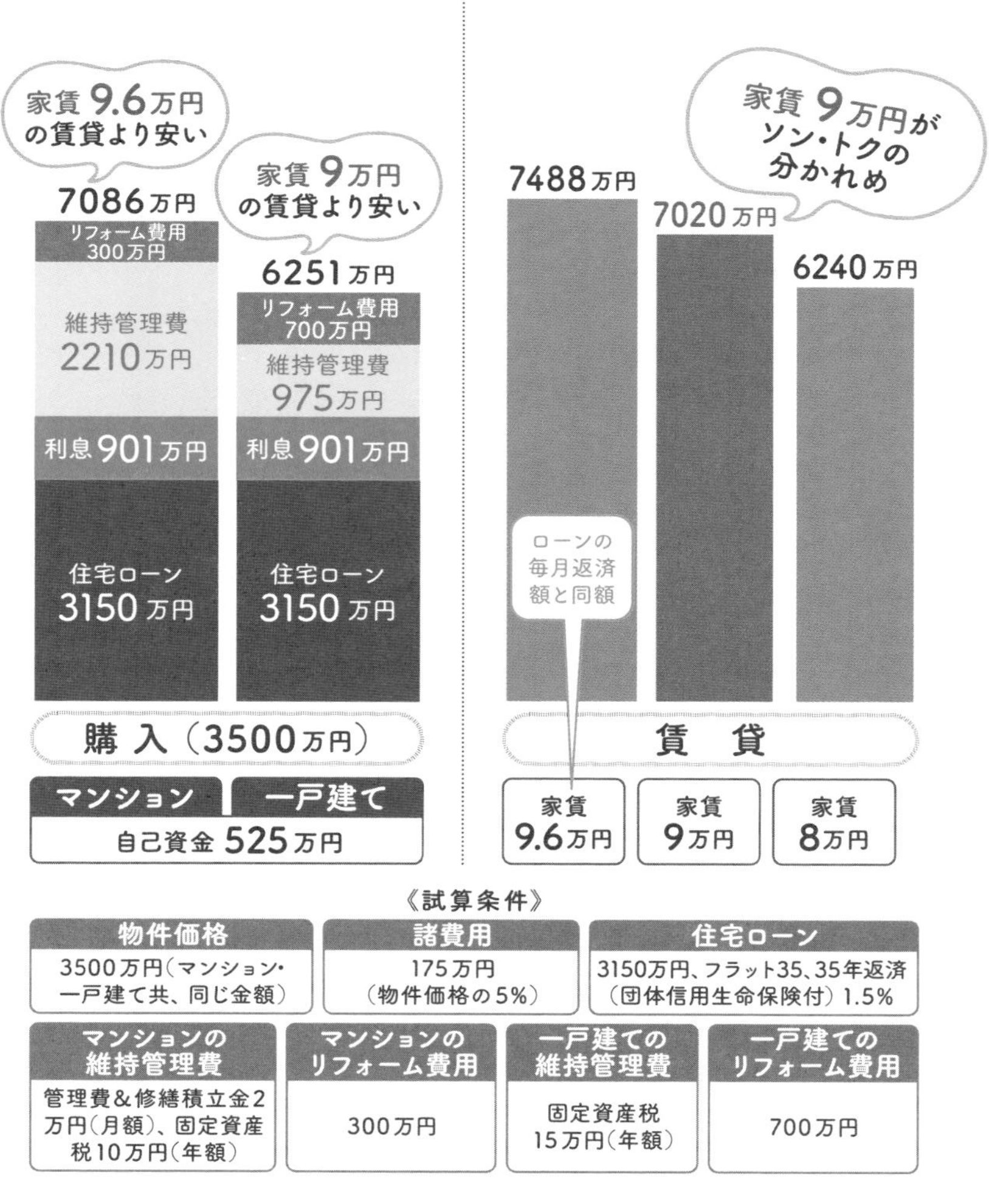

《試算条件》

物件価格	諸費用	住宅ローン
3500万円（マンション・一戸建て共、同じ金額）	175万円（物件価格の5%）	3150万円、フラット35、35年返済（団体信用生命保険付）1.5%

マンションの維持管理費	マンションのリフォーム費用	一戸建ての維持管理費	一戸建てのリフォーム費用
管理費&修繕積立金2万円（月額）、固定資産税10万円（年額）	300万円	固定資産税15万円（年額）	700万円

※試算条件によって損益分岐点は変わります。

35～100歳の住宅費総額比較 5000万円の物件

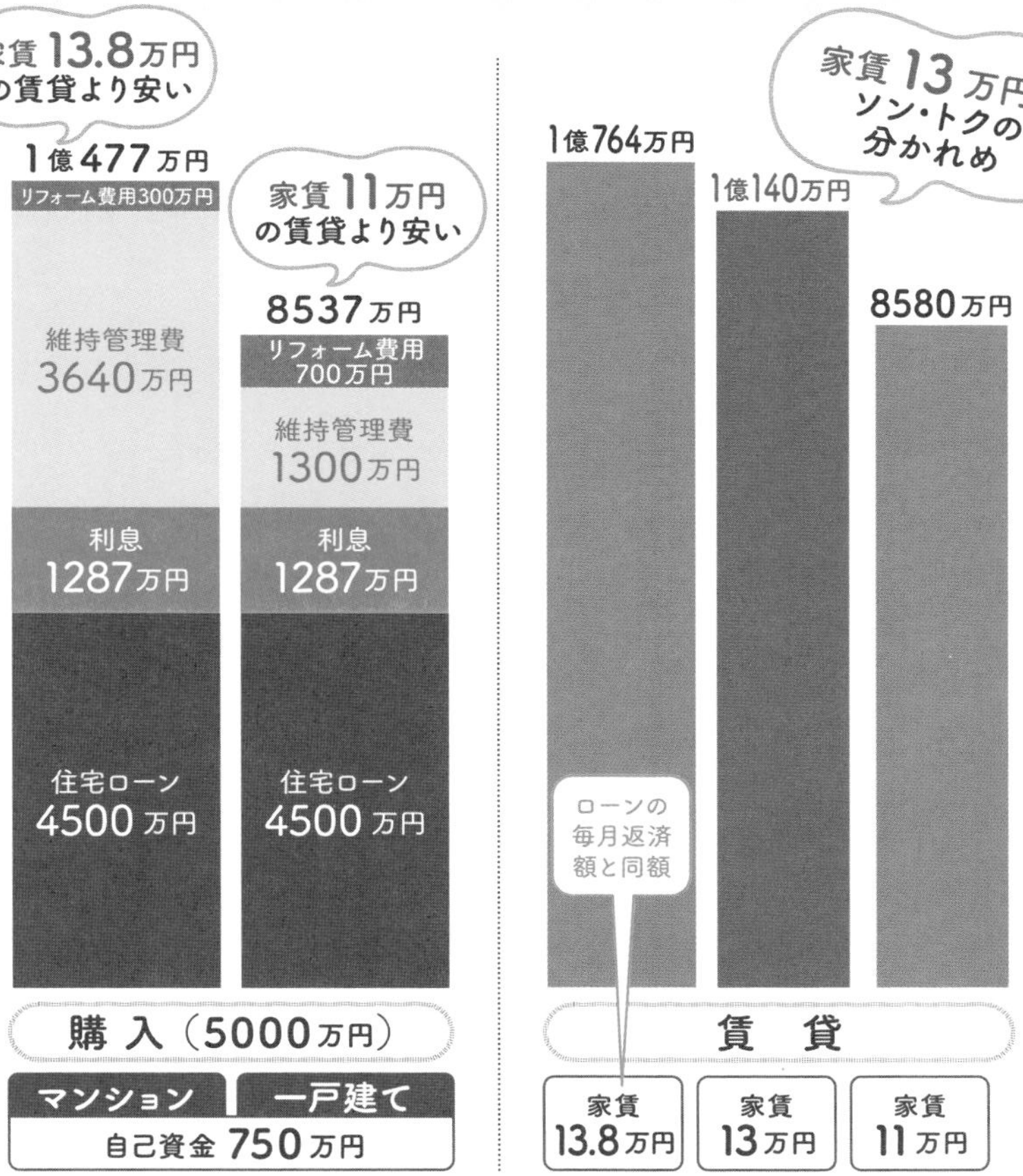

《試算条件》

物件価格	諸費用	住宅ローン
5000万円（マンション・一戸建て共、同じ金額）	250万円（物件価格の5%）	4500万円、フラット35、35年返済（団体信用生命保険付）1.5%

マンションの維持管理費	マンションのリフォーム費用	一戸建ての維持管理費	一戸建てのリフォーム費用
管理費&修繕積立金3万円（月額）、固定資産税20万円（年額）	300万円	固定資産税20万円（年額）	700万円

※試算条件によって損益分岐点は変わります。

頭金は多いほうがいい？　少ないほうがいい？

親には「頭金をできるだけ多くして、住宅ローンは少なくしなさい」と言われ、不動産会社の担当者からは「頭金はできるだけ少なくして、めいっぱい住宅ローンを借りたほうがトクですよ」とアドバイスをもらい、混乱してご相談にいらっしゃる方が少なくありません。

現在、年末の住宅ローン残高の1％の税金を減額する「住宅ローン控除」制度があります。親御さんが家を買った頃は、金利が高いためにローンを少なくすることが正解でしたが、今は1％を切る金利もあるため、借りたほうがトクな場合があります。

ただしこれは、**住宅ローン控除の条件を満たし、借入金残高の1％よりも多い所得税と住民税（上限あり）を納めていて、住宅ローンの金利が1％より低い場合という条件をすべて満たせる人**に限られるため、注意してください。

共働き夫婦の場合、住宅ローンは夫婦で分担できる？その家は誰のモノ？

「子どもが小学校に入る前までにマイホーム」を目指すご夫婦は多いのですが、妻が産休・育休中だと、金融機関によっては妻自身が住宅ローンを借りられないことがあります。マイホームは、自己資金を増やすことも、購入する時期も、計画性が大事ですね。

さて、**共働き夫婦の住宅ローンの組み方には、3つの方法があります。**

ひとつめは、「**夫婦のどちらか1人が住宅ローンを借りる**」です。

たとえば夫だけが住宅ローンを借りて、妻は借りないパターンです。住宅ローンの金額は、1人分の収入に応じた額となるため、次にご説明するペアローンや収入合算よりも少なくなりますが、1人分の収入で返せる額だけを借りるから、共働き世帯においては家計のゆとりが生まれます。

夫婦でのローンの借り方3パターン

	単独ローン	ペアローン	収入合算	
	どちらか1人だけがローンを借りる ※下記の例は夫だけが借入した場合	夫婦それぞれが別々の住宅ローンを借りる	夫婦の収入を合算して1つのローンを組む	
借入可能額	1人分の収入に応じた借入が可能	それぞれのの収入に応じた借入が可能	メーンの収入者（例/夫）の収入に、家族の収入（例/妻）を合わせた借入が可能。ただし、収入合算者(例/妻)の年収を組み込む割合は金融機関により異なる	
夫	ローン契約者（債務者）	ローン契約者（債務者であり、妻の連帯保証人※）	ローン契約者（債務者）	ローン契約者（債務者）
妻	―	ローン契約者（債務者であり、夫の連帯保証人※）	夫の連帯債務者※	夫の連帯保証人※
「住宅ローン控除」の利用	夫/可能 妻/―	夫/可能 妻/可能	夫/可能 妻/可能 （ただし、利用額はそれぞれの持ち分に応じて決まる）	夫/可能 妻/利用不可能
団体信用生命保険の加入	夫/加入 妻/―	夫婦それぞれが加入	通常は契約者（夫）のみが加入	契約者（夫）のみが加入
注意点	ペアローンや収入合算に比べると借入可能額が低くなる	夫婦それぞれがローン契約を結ぶので、融資コストが割高になる	通常の団体信用生命保険の場合は、妻が亡くなっても夫に返済責任が残る（デュエットは除く）	妻は住宅ローン控除が使えない

※連帯債務者は、夫婦が互いにローン全額の返済責任を持ち、ペアローンやフラット35の収入合算で利用されます。
※連帯保証人は、ローンを借りた人が返済できなくなった場合に返済義務が発生し、金融機関独自のローンで利用されます。

また、夫が団体信用生命保険付の住宅ローンを借りている間に亡くなった場合は（高度障害状態等を含む）、団体信用生命保険で住宅ローンの残りを完済するため、妻はローンの返済をすることなく、住み続けることができます。

ふたつめは、**夫婦それぞれが住宅ローンを借りる「ペアローン」**です。

夫と妻が同じ金融機関から、それぞれに合計2つの住宅ローンを借りる方法です。夫だけがローンを組むよりも借入金額が増え、1人では購入が難しい高めの物件でも手に入れることができます。夫婦で合計2つのローンを組むことになるので、その分ローン関連の諸費用がかかりますが、**夫は長期の固定金利、妻は短期間の変動金利、というような組み合わせも可能**です。

また、それぞれに団体信用生命保険に加入するので、**もしも1人が亡くなったとき等は、残されたほうは自分の住宅ローンだけを返済します**（フラット35のデュエットという団体信用生命保険は、夫婦のどちらかが死亡すると、残された方のローンもなくなります）。

なお、住宅ローン控除もそれぞれに利用できます。

3つめは、**夫婦の収入を合算して住宅ローンを借りる「収入合算」**です。収入合算には、金融機関によって連帯債務者になるパターンと連帯保証人になるパターンがあります。

収入合算は、夫1人の収入では希望する金額の住宅ローンを借りることが難しいときに、**夫婦2人の収入を合わせた年収で住宅ローンの返済能力を金融機関に審査してもらい、希望の金額を借りる方法**です。

ただし、仮に夫の年収が500万円、妻の年収が400万円という場合、必ずしも2人で年収900万円とはなりません。メーンとなる人の収入にサブの人の収入を組み込む割合は、金融機関が独自に決めています。たとえば、「サブ収入の加算は半分まで」という規定がある場合は、妻の年収は200万円で合算するため、年収700万円として借入金額が決まるのです。

収入合算では、夫1人の収入よりは多くの借り入れをすることができますが、もしも、妻が仕事をやめた場合や離婚した場合でも、夫はそのローンを返し続けなければなりません。ローンを借り過ぎないように気をつけてください。

その家は誰のモノ？

子どもが生まれたとき、戸籍にその名前を載せたように、不動産にも法律上の戸籍があります。それが「登記」です。

「この家は私のものです」という家の名義は、お金を出した人の名前になります。**夫婦でお金を出し合った場合は共有名義とし、それぞれお金を出し合った割合に応じて届け出ます（登記）**。登記は家の引き渡しの際に司法書士が行いますが、事前に正しい持ち分を伝えておきましょう。

たとえば、4000万円の家を買うとします。

頭金ゼロ円で、夫も妻も2000万円ずつのローンを組むのなら、持ち分は10分の5ずつです。もしも、夫のローンが3600万円で、妻のローンが400万円なら、夫の持ち分は10分の9、妻の持ち分は10分の1です。

また、妻が頭金1000万円を払い、残り3000万円のうち、夫のローンが2000万円、妻のローンが1000万円となった場合は、それぞれ

2000万円ずつ負担しているので、持ち分は10分の5ずつと登記します。

ときどき、「頭金は私の貯蓄から出したけれど、家の名義はすべて夫に」と不動産は男性の名義にするものと思い込んでいる方や、「家は2人のものでしょ?」と頭金もローンも負担していないけれど、夫婦平等ということで、当然のように半分は自分のモノになると思っている方がいらっしゃいます(ちなみに、どちらも女性が多いです……)。

でも、頭金もローンも負担していないのに、相手が負担した現金やローンの分まで自分名義で登記すると、**夫婦の間でも贈与になり、その金額によっては贈与税が発生します**。前半の事例は妻から夫への贈与、後半の事例は夫から妻への贈与となり、納税の可能性が出てくるので要注意です。

贈与税は、贈与を受けたほうが税金を納めます。無用な税金を支払わないためにも、そして、もしもの離婚のときに家の持ち分でもめないためにも、出したお金とそれぞれの名義の住宅ローンの割合に応じて、正しく登記をしておきましょう。

繰り上げ返済は、低金利でもやっぱり頑張るべき？それとも住宅ローン控除を優先するべき？

「住宅ローンの繰り上げ返済をするのと、住宅ローン控除で減税を受けるのは、どっちがトクなの？」という疑問を感じたことはありませんか？

結論を一言でいうと、**カギを握るのは「金利」と「納税額」**です。

それでは、順を追って説明していきましょう。

繰り上げ返済とは、手元にあるお金で住宅ローンの元金を返済し、それにより、将来の利息負担を軽くする返済方法です。

繰り上げ返済には、早く返済を終えることができる「期間短縮型」（毎月返済額は変わらない）と、返済期間は変わらないけれど、毎月の返済額が少なくなる「返済額軽減型」の2種類があります。どちらも将来支払う利息を節約する効果がありますが、「定年までに住宅ローンを終わらせたい」と、期間短縮型を利用する方が多いのが実態です。

繰り上げ返済は、**借入から早い時期に行った方が利息の軽減効果は高く、また短縮される期間も長いためおトク**です。また、まとまった金額を貯めてドーンと一気に返済するよりも、早い時期からコツコツ返済するほうが、少しでも利息を節約することができるため、効果的です。

ただし、住宅ローンの金利によっては、「繰り上げ返済は早い方がおトク」というルールが当てはまらない場合があります。それを引き起こすのが、住宅ローン控除の存在です。

住宅ローン控除とは、年末時点での住宅ローン残高の1％分の税金が、原則として最大10年間安くなる制度です。つまり、残高が多いほど住宅ローン控除で減額される税金が多いため、繰り上げ返済で住宅ローン残高が減ってしまうと、住宅ローン控除の金額が少なくなり、安くなる税金も少なくなります。そのため、「繰り上げ返済するのなら、早い方が利息もたくさん浮くし、返済も早く終わるからおトクだけど、ローン残高が減ると、残りの期間で受けられる住宅ローン控除も減るから、結局どっちがトクなの?」という悩みが生まれるのです。
そこで、次のページでシミュレーションしてみました。

「まとめてドーン返済」がおトクになる条件

住宅ローン2000万円、返済期間35年、金利は1・5%と0・6%の2種類です。そこに、「繰り上げ返済をしない場合」、「10年間、毎年コツコツ100万円を繰り上げ返済して利息の軽減効果は得たけれど、住宅ローン控除の恩恵は少なくなった場合」、「住宅ローン控除の恩恵を受ける予定で、10年後に一括で繰り上げ返済した場合」という3パターンを比較しました。

すると、**金利が1・5%の場合は、まとめて繰り上げ返済するよりも、コツコツ繰り上げ返済したほうがおトク**になりました。その理由は、残高の1%分の税金が減額される住宅ローン控除よりも、住宅ローンで支払っている金利の方は1・5%と高いためです。

2000万円を35年返済で借りた場合、住宅ローンと繰り上げ返済はどっちを優先？

金利1.5%の場合

	繰り上げ返済による利息の軽減効果	10年間の住宅ローン控除の減税合計額	繰り上げ返済と住宅ローン控除を合計したおトク金額
繰り上げ返済しない	0円	約175万円	約175万円
毎年100万円を10年間（合計1000万円）繰り上げ返済※	約355万円	約117万円	おトク 約472万円
10年後に1000万円を繰り上げ返済	約273万円	約175万円	約448万円

金利0.6%の場合

	繰り上げ返済による利息の軽減効果	10年間の住宅ローン控除の減税合計額	繰り上げ返済と住宅ローン控除を合計したおトク金額
繰り上げ返済しない	0円	約171万円	約171万円
毎年100万円を10年間（合計1000万円）繰り上げ返済※	約132万円	約115万円	約247万円
10年後に1000万円を繰り上げ返済	約102万円	約171万円	おトク 約273万円

※借入の翌月を基点に毎年行うものとして試算

それに対して、**金利0・6%の住宅ローンの場合は、コツコツ繰り上げ返済するよりも、住宅ローン控除が終わる10年後にまとめてドーンと、繰り上げ返済したほうがおトク**です。支払う金利の0・6%よりも、住宅ローン控除で減額される残高の1%のほうが大きいからですね。

住宅ローン控除と繰り上げ返済。どちらを優先するかのポイントは、「金利」と「納税額」。

つまり、**金利1%よりも低い住宅ローンを借りていて、住宅ローン控除を最大限活用できている場合は、住宅ローン控除が終わってから、まとめてドーンと繰り上げ返済したほうがおトク**になります。

ただし、これにも条件があります。それは、**住宅ローン控除を所得税と住民税で全額利用できている人**であること。

住宅ローン控除はあくまでも納める税金から減額する制度であり、住宅ローン残高の1%がもらえる制度ではありません。そのため、納税額が少なくて住宅ローン控除の減額分を全額利用できていない場合は、借入金の一部に対する住宅ローン控除の減額は受けられず、その部分は丸々利息を払っていることになるのです。

繰り上げ返済のシミュレーションは、金融機関のサイトで行うことができます。住宅ローン控除の残り期間とその減税額を見比べて検討できますが、難しい場合はファイナンシャル・プランナーに相談してみてください。きっと、子どもの教育費や老後資金の準備も踏まえたアドバイスを受けられますよ。

みんなのおこづかいと貯蓄額を教えて！

みなさんの親世代は、パパが持って帰ってきた給料をママが受け取り、その中からパパに「はい、おこづかい」と渡す家庭が多い時代でした。でも今は、共働き世帯が6割になり、給料は振り込みです。おこづかいの額を決めていない人も多く、使っている金額がわからない、という人も少なくありません。

あなたが自由に使っているお金は、1カ月いくらですか？

第3章では「私、おこづかいゼロ円なんです」をやめて、おこづかいの金額を決めて使いましょうとお伝えしましたが、実は、他人のおこづかいや貯蓄の平均額を気にする人は多いのです。

おこづかいは、ランチ代を含むのか別なのかによっても金額が変わります。そこで、おこづかいに含めるものを決めたうえで、適正金額を決めましょう。毎月一定金額でやりくりすることが、お金のコントロールでは大事ですよ。

おこづかい

	小学校			中学校	高校
	低学年	中学年	高学年		
中央値	500円	500円	1000円	2000円	5000円

出典／金融広報中央委員会「子どもの暮らしとお金に関する調査」2015年度

	20代	30代	40代	50代
男性平均額	3万474円	3万8519円	3万9007円	4万3096円
女性平均額	1万9678円	1万8341円	1万7141円	1万8385円

出典／明治安田生命「家計に関するアンケート調査」2019年

おこづかいの決め方

① おこづかいに含めるものを決める

Point!

ランチ代、散髪・美容院代、クリーニング代などをおこづかいに含めるのか、家計から出すのかによって、おこづかい金額は大きく変わる！

② 上記をモトにして、夫婦で金額を決める

子どものおこづかいもルールを決めることが大切

平均貯蓄額っていくらなの？

次のページには、気になる年代&年収別の貯蓄額を載せました。まっさきに自分が該当する欄を見たと思いますが、実は、統計資料を見るときには大きく2つの注意点があるのです。

1つめは、平均値と中央値。

平均値とは、全員の貯蓄を合計して人数で割った値です。それに対して中央値は、少ない人から順に並べたときの真ん中の人の値です。平均値は高い人が引き上げる面があるため、**中央値のほうが実感に近い**と言われています。

2つめは、統計データはあくまでも情報の一つであるということ。

全国民を調べているわけではありませんから、たまたま、回答した人数が少なければ、その人の回答によって答えは大きく変わります。表を見ても、調査年によって大きく異なる数字がありますよね。統計データはあくまでも参考です。一喜一憂せず、「我が家に必要な貯蓄」ができるようになりましょう！

貯蓄額は、平均値と中央値でこんなに違う！

単位／万円

2019年			平均値	中央値
貯蓄額（全国）			1139	419
20歳代	年収	収入はない	―	―
		300万円未満	68	19
		300~500万円未満	98	78
		500~750万円未満	276	246
		750~1000万円未満	410	410
		1000~1200万円未満	―	―
		1200万円以上	170	170
30歳代	年収	収入はない	―	―
		300万円未満	133	7
		300~500万円未満	384	255
		500~750万円未満	565	300
		750~1000万円未満	709	320
		1000~1200万円未満	1525	1125
		1200万円以上	1305	750
40歳代	年収	収入はない	650	650
		300万円未満	196	65
		300~500万円未満	365	200
		500~750万円未満	760	500
		750~1000万円未満	921	635
		1000~1200万円未満	1278	860
		1200万円以上	1771	1560
50歳代	年収	収入はない	633	300
		300万円未満	540	0
		300~500万円未満	555	210
		500~750万円未満	892	480
		750~1000万円未満	1564	1300
		1000~1200万円未満	1664	1020
		1200万円以上	3616	2200

出所：家計の金融行動に関する世論調査（二人以上世帯調査）、2019年

貯蓄額平均は、年によってもこんなに変わる！

単位／万円

			2018年	2019年
貯蓄額（全国平均）			1430	1139
20歳代	年収	収入はない	ー	ー
		300万円未満	85	68
		300~500万円未満	283	98
		500~750万円未満	393	276
		750~1000万円未満	51	410
		1000~1200万円未満	350	ー
		1200万円以上	350	170
30歳代	年収	収入はない	0	ー
		300万円未満	235	133
		300~500万円未満	443	384
		500~750万円未満	670	565
		750~1000万円未満	940	709
		1000~1200万円未満	3239	1525
		1200万円以上	1537	1305
40歳代	年収	収入はない	ー	650
		300万円未満	261	196
		300~500万円未満	617	365
		500~750万円未満	934	760
		750~1000万円未満	1417	921
		1000~1200万円未満	1852	1278
		1200万円以上	3369	1771
50歳代	年収	収入はない	4300	633
		300万円未満	521	540
		300~500万円未満	935	555
		500~750万円未満	1563	892
		750~1000万円未満	1883	1564
		1000~1200万円未満	1804	1664
		1200万円以上	3723	3616

出所：家計の金融行動に関する世論調査（二人以上世帯調査）2018年、2019年

金利が低い今、教育費はどうやって準備したらいいの？

みなさんの親世代は金利が高い時代だったので、「子どもが生まれたら学資保険」というお決まりの方法でお金が増えました。そのため「孫が生まれた！」となると同じ感覚で学資保険の加入を勧める方も多いようです。でも、時代は変わりました。そこで低金利時代の準備方法として、夫婦の考えかたに合わせた3タイプを紹介します。

絶対に減るのは嫌！　元本保証が一番！

値動きがなく、途中で解約しても元本割れしない商品を希望する人に向いているのが、自動積立定期預貯金や財形貯蓄（一般）、社内預金です。自動積立定期預貯金は給料振込をしている金融機関に申し込むと、自動で毎月積み立てる

夫婦の考え方に合わせた3タイプの教育費準備法

とにかく減るのは嫌！元本保証が一番！

- 金融機関の自動積立定期預貯金
- 給料天引きの財形貯蓄
- 社内預金

もしもの時の安心も欲しい！中途解約は致しません！

- 学資保険
- 低解約返戻金型終身保険

値動きは了承済み！子どももお金も育てたい！

- ジュニアNISA
- つみたてNISA（投資信託の積立）

ことができますし、ボーナス時の増額も可能です。また、財形貯蓄や社内預金が利用できるのは、こうした制度がある会社に勤める人に限定されますが、給料天引きで確実に積み立てができる点が魅力です。

もしものときの安心も欲しい！ 中途解約は致しません！

保険を契約した親が死亡や高度障害状態になった際に、それ以降の保険料を払わなくても将来の教育費が準備できるのが、保険を使った準備方法です。

その方法には大きく2種類あり、一つは「学資保険」、もう一つは「低解約返戻金型終身保険」です。

「学資保険」は、子どもが高校3年生の時期に満期保険金を受け取れるように、保険会社にお金を積み立てる商品です。商品によっては、小学校、中学校、高校入学のタイミングでお祝い金が出るものや、大学入学に合わせて一括で受け取るもの、大学4年間で分割して受け取るものがあります。

いずれの商品も親世代とは異なり、支払う保険料総額よりも受け取る保険金の総額のほうが少ない元本割れ商品や、18年間積み立てても大きく増えない商品があります。加入前には担当者に、**「支払い総保険料」よりも「受け取り総保険金額」のほうが多い商品であるかを確認**しましょう。

もう一つの「低解約返戻金型終身保険」は、パパやママが終身保険に加入して、保険料は10年や15年などの短期間で払い込みを終える点が特徴です。保険料の支払いが終わった後は解約返戻金が増えるため、早めに払い終えてお金を寝かせて増やし、教育費が必要になったときに保険を解約して、受け取った解約返戻金を子どもの大学費用に使います。

保険で教育費を準備する場合、保険料の払込途中で解約すると、支払ったよりも少ない解約返戻金しか戻ってきません。保険を使って準備する場合は、**無理なく払える金額で契約**しましょう。

値動きは了承済み！　子どももお金も育っていることが目標！

すでにご紹介した定期預貯金も保険も、今のような低金利時代には大きく増えません。そこで、最近では投資信託で教育費を準備する人が増えてきています。

投資信託は、文字通り「投資を信じて託する」商品です。投資のプロが運用しますが、**株式や債券などの値動きがある商品で運用するため、プラスの利益を出すこともあれば、元本割れとなることも**あります。

左のページのAさんのように、10万円を一括投資した後に値下がりすると、あとは値上がりを祈るだけですが、Bさんのように、毎月コツコツ積み立てると、「**値下がり時期は、安い値段で投資信託をたくさん買うことができるおトクな時期**」と、気持ちが切り替わります。2人の10カ月後を比べるとわかるように、コツコツ積み立てなら「気が付いたらお金が貯まっていた！」となりやすいのです。この方法なら、値動きの不安が軽くなりませんか？

投資信託で教育資金の準備をするときは、金融機関で特定口座を開きましょう。

2人が同じ時期から同じ額を同じ商品に投資したらどうなった？

【積み立て投資のメリット】

	投資信託の値段		Aさん		Bさん	
			投資金額	購入数	投資金額	購入数
	1月	1万円	10万円	10個	1万円	1個
	2月	8000円	―	―	1万円	1.3個
	3月	9000円	―	―	1万円	1.1個
	4月	8000円	―	―	1万円	1.3個
★	5月	7000円	―	―	1万円	1.4個
	6月	8000円	―	―	1万円	1.3個
★	7月	7000円	―	―	1万円	1.4個
★	8月	5000円	―	―	1万円	2個
★	9月	7000円	―	―	1万円	1.4個
	10月	8000円	―	―	1万円	1.3個
	10月の残高		8万円	10個	10万8000円	13.5個

★…値下がり時期は
安い値段で投資信託をたくさん買える“おトクな時期”
ととらえれば、値動きの不安が軽くなる

※わかりやすくするために「口数」を「個数」で表現しています。

3つのNISAは、どれも非課税

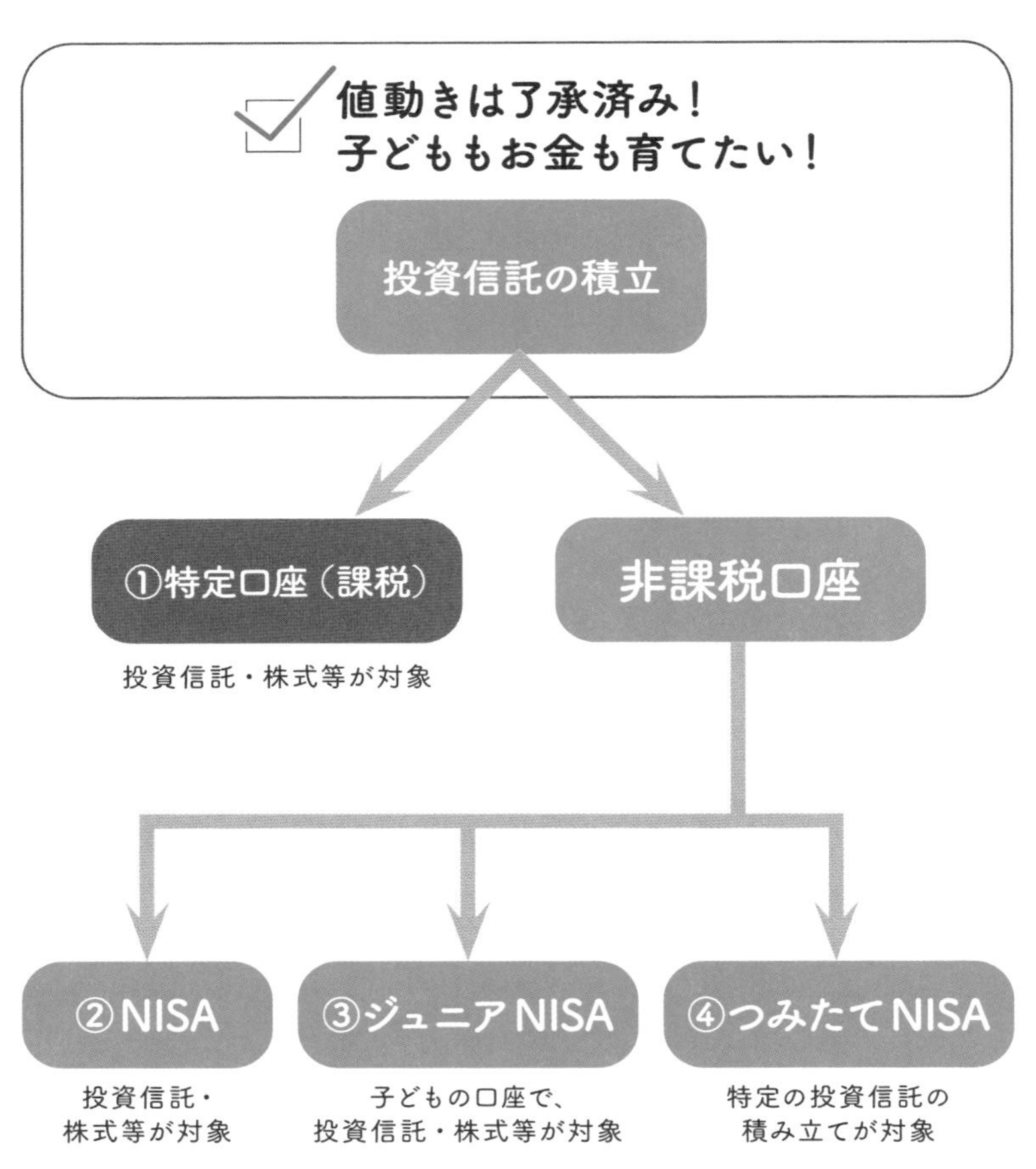

投資口座には、主に4つの選択肢があります。

①「特定口座」は、投資をするときに必ず開く口座です。株式や投資信託を売って利益があるときは、約20%の税金を納めます。

次は、②の「NISA（少額投資非課税制度）」です。NISAは2023年まで年間最大120万円の投資ができ、非課税期間は最長5年です。2024年には新NISAに制度変更され、最大年間122万円の投資ができますが、2028年には新NISAも終了します。現在のNISAから新NISAへ、また新NISAから一部つみたてNISAへの移行などは制度が複雑なため、これから非課税制度を利用するのなら、あとで説明する④のつみたてNISAのほうが今後の手続きや管理がラクです。

③の「ジュニアNISA」は、子どもの口座で投資ができます。年間80万円まで最長5年間、非課税で投資ができます。大学資金を目的とした制度のため、どんなに利益が出ても18歳を迎えるまでは非課税で引き出すことができなかったので、利用する人が大変少ないのが現状です。そこで税制改正が行われまし

た。２０２４年以降にジュニアＮＩＳＡのお金を全額引き出すのなら、いつ引き出しても非課税となったのです。これにより、一気に使い勝手がよくなり、私立中学校や高校の入学時の資金としても使えるようになりました。ただし、ジュニアＮＩＳＡに新たに投資ができるのは２０２３年まで。親がｉＤｅＣｏやつみたてＮＩＳＡで非課税枠を全額使っているなら、子どもの口座で非課税投資ができるチャンスですよ。

最後は④「つみたてＮＩＳＡ」です。名前のとおり、、コツコツ積み立ててお金を育てる非課税制度です。投資対象は、「長期・分散・低コスト」という国の規準をクリアした投資信託に厳選されているので、選びやすいのも特徴です。投資金額は年間最大40万円（月額最大３万３３３３円）、最長20年の積み立てができます。積立額はいつでも変更でき、積み立てを休んだり、一部だけ解約して引き出したり、全部解約したりすることもできます。自由度が高いため、つみたてＮＩＳＡも教育資金準備に使える制度です。

ジュニアNISA

子どもの口座で年間最大80万円まで非課税で投資ができる

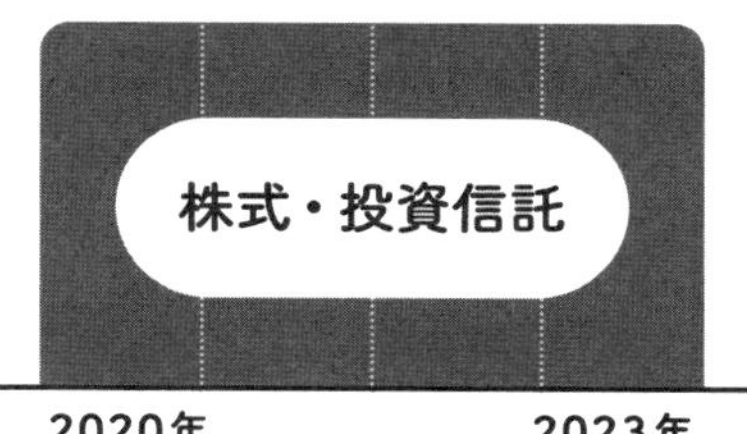

つみたてNISA

年間最大40万円まで非課税で投資ができる

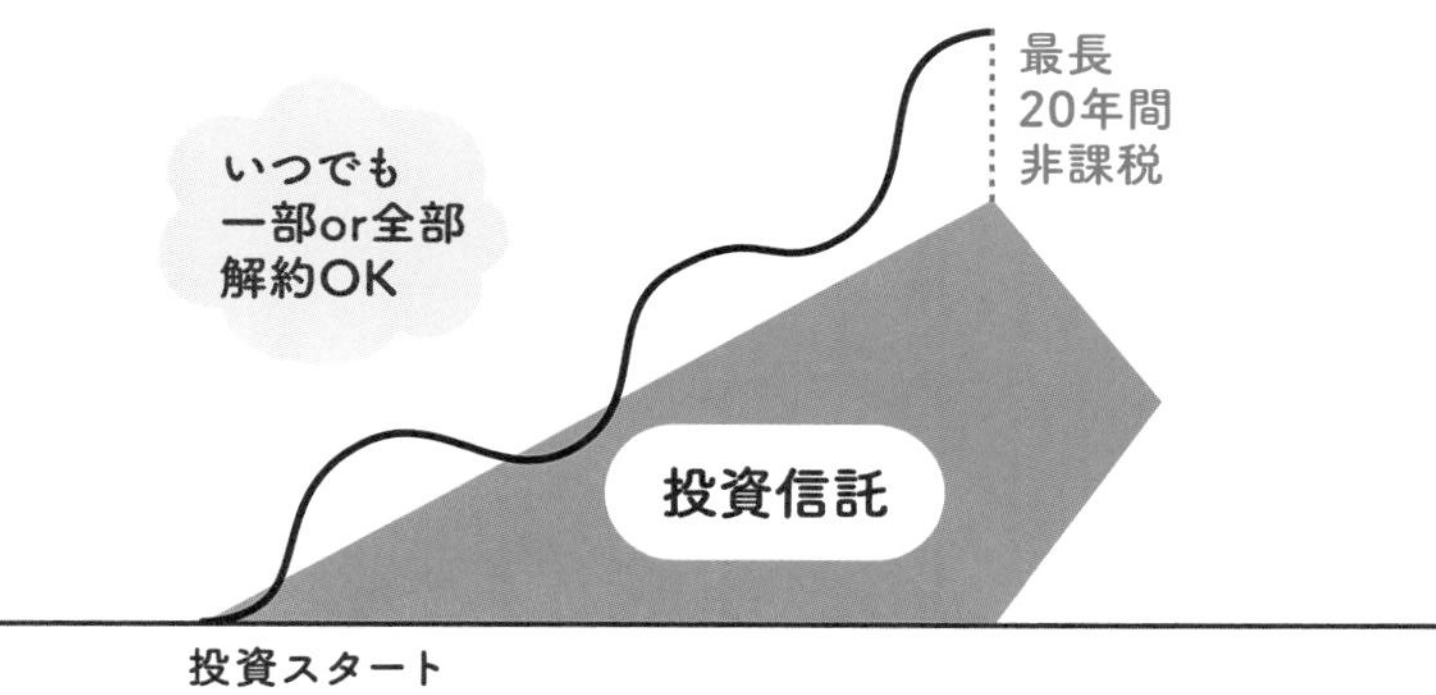

「iDeCo（イデコ）」のおトク制度を見逃さないで！毎月2万円の積み立てで老後までに108万円の差が！

街を歩けば、金融機関のポスターにｉＤｅＣｏの文字を見かけませんか？ **iDeCoは、節税しながら自分の年金を増やせるとってもおトクな制度**。子どもを育てるように**お金も育てましょう！**

税金が3つもおトクな老後のための お金の制度

「ｉＤｅＣｏ」は日本語では「個人型確定拠出年金」といいます。これは、「個人が（個人型）、毎月決まった金額をコツコツと（確定拠出）、老後のために積み立てる（年金）」制度です。毎月の掛け金は全額を所得から差し引くことができるため税金が安くなり、運用中は運用益が非課税、受け取るときも

iDeCoを使って老後までに108万円トクする方法

iDeCo活用によるおトク分

所得税と住民税の軽減額
プラス
108万円

定期預金		iDeCoの定期預金※※
税引後金利 0.0016% プラス 1723円	→	金利 0.002% プラス 2154円
毎月2万円×30年＝元本720万円		毎月2万円×30年＝元本720万円

毎月2万円の定期預金積立がiDeCoを利用するだけで…！

30年間で108万円もおトク！

※年収400万円（課税所得195万円以下）の場合。
※※iDeCoは最低でも年間約2000円の口座管理手数料がかかる。

税制上有利に取り扱われる老後のための制度です。60歳まで受け取れない代わりに、税金面で大きなメリットがあるのです。

定期預金でもメリットあり！

ｉＤｅＣｏでは、元本が確保されている定期預金と、投資のプロが株式や債券等で運用する投資信託の中から、自分で好きな商品を選んで運用します。読者の中には、「運用」と聞くだけで、「どれがいいか分からないし、損したらイヤ」と思う人もいらっしゃるでしょう。たしかに、投資信託は値動きがありますが、１９３ページでお伝えしたコツコツ積み立てなら、その値下がりが味方になる可能性もあるのです。

とはいえ、老後の安心をつくるｉＤｅＣｏが、投資信託の値動きでハラハラドキドキさせるとしたら本末転倒です。そこで、**iDeCoなら定期預金で運用しても、高い節税メリットがある**ことをご紹介します。

もしも毎月2万円を自動積立定期預金で30年間積み立てたら、いくらの利息がつくと思いますか？　現在の金利は0・002％が主流ですが、そこからは約20％の税金が差し引かれます。すると、実際の金利は0・0016％とさらに下がります。この金利が30年間続くとすると、**たった1723円です。**

では、iDeCoで同じ金利の定期預金を積み立てたらどうなるでしょう。まずは「利息に税金がかからない」ので2154円が受け取れます。さらに、毎月の積立額の全額を所得から差し引くことができるため、所得税&住民税が安くなります。たとえば年収400万円（課税所得が195万円以下）の人なら、年間で税金が約3万6000円安くなります。これが30年続けば、合計108万円、税金の軽減効果が得られるのです。節税メリットをしっかり理解していれば、**元本が確保された上に、108万円の節税の差が出ます。**

iDeCoには口座管理手数料がかかりますが、節税効果は所得税率が高い人ほど高くなります。「税金が高い」と思う方こそ、賢い老後準備のチャンスです。

高齢者になったとき、年金はどのくらいもらえるの？長生きして老後の暮らしは大丈夫なの？

老後や年金というと、いわゆる「老後2000万円問題」にはじまり、「老後破たん」や「下流老人」など、暗い言葉が並びます。親世代のときには「悠々自適の年金生活」という言葉があったのに、今では耳にすることすらなくなってきました。こんな時代だからこそ、正しい年金知識を手に入れてください。

老後の収入で頼りになるのは、65歳から一生受け取ることができる国の年金です。**年金額は、現役時代の働き方や収入によって決まります。**

そこで、会社員と個人事業主のパパの年金目安額、そして、第3章で登場した4パターンのママの年金目安額を計算してみました。いずれのパパもママも、20歳〜60歳の40年間、年金保険料をすべて納めているとします。

第1章 子育てって、ざっくりどのくらいお金がかかるの？
第2章 ウチはどう貯める？どこまでお金をかけられる？
第3章 ママとパパ、どう働く？収入に合った幸せな生活スタイル
第4章 「親世代」とは全然違う！「私世代」のお金の㊗ルール

老後の年金、夫婦で年いくら？

夫		ママ		合計		
夫 会社員 約182万円	＋	専業ママの老後の年金 78万円	＝	260万円（月額21.7万円）	＋	年下の妻なら妻が65歳になるまでの間 39万円（月額3・3万円）
	＋	年収100万円ママの老後の年金 78万円	＝	260万円（月額21.7万円）		
	＋	年収240万円ママの老後の年金 128万円	＝	310万円（月額25.8万円）		
	＋	年収400万円ママの老後の年金 161万円	＝	343万円（月額28.6万円）		
夫 個人事業主 約78万円	＋	専業ママの老後の年金 78万円	＝	156万円（月額13万円）		
	＋	年収100万円ママの老後の年金 78万円	＝	156万円（月額13万円）		
	＋	年収240万円ママの老後の年金 128万円	＝	206万円（月額17.2万円）		
	＋	年収400万円ママの老後の年金 161万円	＝	239万円（月額19.9万円）		

※年収とは、ここでは生涯平均年収のことをさします。

●専業ママ&年収100万円のママ

年間約78万円を老齢基礎年金として受け取ります。なお、過去に会社員や公務員として1カ月以上勤めていた人は、その期間分の老齢厚生年金を65歳から受け取ることができます。その金額はねんきん定期便で確認しましょう。

●平均年収240万円のママ

生涯平均年収240万円でトータル38年間働く場合は、年間約50万円の老齢厚生年金を受け取ることができます。これに年間約78万円の老齢基礎年金があるので、合計約128万円が老後の年金額です。

●平均年収400万円の会社員ママ

生涯平均年収400万円で38年間働く場合は、年間約83万円の老齢厚生年金を受け取ることができます。これに年間約78万円の老齢基礎年金があるので、合計約161万円が老後の年金額です。

●年収500万円の会社員パパ

生涯平均年収500万円で38年間働く場合は、年間約104万円の老齢厚生年金を受け取ることができます。これに年間約78万円の老齢基礎年金を合計すると、約182万円が老後の年金額です。

さらに、パパが厚生年金に加入して20年以上働いていて、なおかつ、年下のママがいる場合は、パパが65歳になってから年下のママが65歳になるまでの間、年間約39万円の加給年金を受け取ることができます(男女逆もあり)。年金の家族手当のようなものですが、年齢差のある夫婦はちょっとおトクですね。

また、65歳になったときに18歳未満の子どもがいるオトナ夫婦の場合は、年間約22万円を受け取ることができます。

●個人事業主のパパ

40年間国民年金保険料を納めたパパは、国民年金から年間約78万円を老齢基礎年金として受け取ります。なお、起業する前に会社員や公務員として1カ月以上勤めていた人は、その期間分の老齢厚生年金も65歳から受け取ることができます。その金額はねんきん定期便で確認できます。

ここでは、あくまでも目安額として紹介しましたが、老後の年金額はそれぞれの職歴や収入によって異なりますし、賃金や物価により変動します。50代になると、ねんきん定期便に今の年収で60歳まで働き続けた場合の年金額の目安が載っています。40代までの人は、日本年金機構の「ねんきんネット」でシミュレーションできますから、早めに老後の年金目安額を確認しておきましょう。

なお、老後の年金も社会保険や税金の対象になります。「ざっくり9割」が手取り金額と目安を立ててみてください。

子育て世帯の老後は?

老後の年金は、原則65歳から請求できますが、受け取りを1カ月遅らせると

0・7％増えた年金が受け取れます。**70歳から受け取ると65歳で受け取る金額の1・42倍**、2022年以降は最大75歳まで遅らせられますから、**75歳から受け取ると本来の金額の1・84倍の額を一生受け取る**ことができるのです。

住宅ローンが終わり子どもも就職していれば、入ってくる年金は日常の生活費に使えます。毎月の支出が年金額の範囲内で収まれば、ひと安心ですね。

その一方、賃貸住宅に住む人や、年金生活になっても子どもの教育費がかかる人は、生活費に使える年金額が減ってしまうため注意が必要です。

そこで特に意識してほしいのが、「**お金を使う順番**」です。

みなさんの親世代は教育費にお金をかけても、パパが50代半ばには末っ子が大学を卒業している家庭がほとんどでしたから、定年までの間に浮いた教育費分を貯蓄して老後の資金準備ができました。でも今は、定年前後に子育てが終わる家庭も多く、十分な準備ができないまま、また、退職金も少ない状態で老後に突入するケースが増えています。

私立学校での質の高い教育や語学習得のためのホームステイなど、際限なくこどもにお金をかけた結果、あなた自身の老後の生活が立ちいかなくなってしまったら、「子どもに仕送りをお願いする」ということにもなりかねません。

教育費が足りない場合は奨学金や教育ローンがあります。家を買うときなら住宅ローン、車を買うときにはマイカーローンがあります。でも、老後ローンはありますか？ そう、老後ローンはないのです。

「子どもに迷惑をかけたくない」という想いは、どの親ごさんも同じです。

それならば、借りられる方法があるうちに、**まずは奨学金を借りておき、自分達の老後資金のメドがたったら、親が子どもの代わりに奨学金を返済するという方法も視野に入れ、お金を用意する順番を組み替えるのが新ルール**です。

人生１００年と言われる今。

子どもと過ごす時間。

夫婦で過ごす時間。

そして、自分のための時間。

何を優先して、どのようにお金を使っていくか、夫婦で、そして家族で話し合ってみてください。家族で目標が定まれば、人生の選択肢が増やせます。そのためにも、税金や社会保険の制度を正しく理解し、活用することが必要なのです。

「老後の年金はいくらもらえるの?」「もしものときの遺族年金はいくら?」「iDeCoをするといくら節税できるの?」など、具体的な自分のお金が気になった人は、拙著『本気で家計を変えたいあなたへ～書き込む〝お金のワークブック〟～〈第4版〉』(日本経済新聞出版、2020年11月発売)に書き込んでみてください。きっと答えが見つかるはずです。

そして、共働き子育て情報サイト『日経DUAL』で私が連載してきたコラムと本書を家計の知恵としてご活用いただければ、こころからうれしく思います。

100年生きるとすると家を購入したほうがおトクなことも

まとめの名言！

家賃9万円なら3500万円の家を購入したほうがおトク！

35歳から100歳までの生涯住宅コストを計算すると、家賃9万円を支払い続けるより、3500万円の一戸建てを買った方が安くすみます。ただし、試算条件次第なので、あなたがマイホームに求めるものをしっかり考えて。

共働き夫婦なら、住宅ローンも2人がオススメ

まとめの名言！

夫婦ペアローンなら期間と金利を各自選べる

共働きママとパパの場合、希望の家が買えるのなら、夫婦ペアローンでがんばりたいという夫婦も増えています。その場合、各自の収入に見合う金額で、返済期間や金利を選択できます。住宅ローン控除がそれぞれ利用できるメリットも！

大学資金も、老後資金も コツコツ投資で増やす

まとめの名言！

教育資金の一部を 投資信託で 増やすのはアリ！

教育費は大事なお金。値動きはあるものの、一部を投資で育てるのは賢い方法です。つみたてNISAなら20年間コツコツ積み立てられ、非課税だからオススメ。2023年までのジュニアNISAも今がチャンス。

30年後にやってくる老後にはiDeCo（イデコ）で備える

まとめの名言！

iDeCoはオトクな制度
節税効果で老後対策を！

毎月2万円の定期預金をiDeCoで積み立てするだけで、最低税率の人でも30年間で108万円の節税が！　定期預金ならば元本が減らず安心してコツコツ増やせるので、老後準備の強い味方になります。

子育て世帯の ローン特典

自治体によっては、「借りた住宅ローン金利の0.5%分を5年間補助します」などの『利子補給制度』があることも。自治体独自の子育てサービスと制度の有無を自治体のホームページで確認しましょう。また、自治体と連携した『子育て支援型フラット35』では当初5年間0.25%の金利が引き下げられますし、金融機関の中には、子どもの人数に応じて金利が下がる住宅ローンや、定期預金の金利がアップする商品などもあります。子育て世帯ならではの特典を活かして、賢く活用したいですね。

※本書の情報は2020年10月時点のものです。また、共働き子育てノウハウ情報サイト『日経DUAL』に連載された著者の記事を基に、加筆・修正し再編集しました。

【著者】
ファイナンシャル・プランナー
前野 彩（まえの あや）

株式会社Cras代表取締役。
FPオフィス will代表。2001年に中学・高校の養護教諭からFPに転身。「お金の安心と可能性をかたちに」を理念に、「知ればトク、知らなきゃソンするお金の知恵」を子育て世帯や女性に伝える。『日経DUAL』で人気コラム「前野彩のDUALファミリーのお金のギモン スッキリ解決！」を連載。個人相談を中心に活動するほか、講演やテレビでも活躍。『本気で家計を変えたいあなたへ ～書き込む“お金のワークブック”』『書けばわかる！子育てファミリーのハッピーマネープラン』（日本経済新聞出版）など著書多数。

【監修協力】備順子 税理士

教育費&子育て費　賢い家族のお金の㊔ルール 改訂版

2018年 1月17日　第1版第1刷発行
2020年10月26日　第2版第1刷発行

著　者　前野 彩
編　集　蓬莱明子、片野 温
発行者　南浦淳之

発　行　日経BP
発　売　日経BPマーケティング
〒105-8308 東京都港区虎ノ門4-3-12

装丁・デザイン、制作　藤原未央
イラスト・漫画　エイイチ

印刷・製本　大日本印刷株式会社

 ISBN 978-4-296-10788-9 Printed in Japan

日経 DUAL の本

【書籍】

「頭がいい子」が育つ家庭の8つの習慣

「勉強しなさい」は逆効果!?　子の自主性や探究心を育み、未来を生きる力を伸ばすために、大切な親の関わり方とは？　発達心理学・保育学の専門家でお茶の水女子大学名誉教授の内田伸子さんが語る家庭教育の在り方、生物学者・福岡伸一さんの子ども時代や、脳科学者の茂木健一郎さんが語る「地頭のいい子を育てるコツ」など、子どもの可能性を伸ばすためのノウハウが満載です。

日経DUAL編
定価：本体1400円+税

A5 判　188 ページ　ISBN978-4-296-10710-0

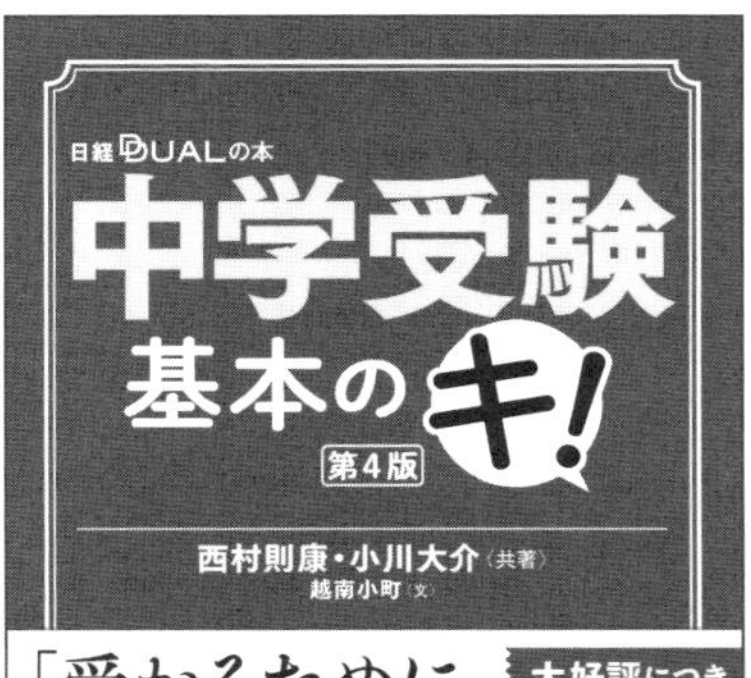

【書籍】

数千人の合格をアシストした知恵を凝縮

中学受験 基本のキ！ 第4版

「子どもを受験させたいけれど、右も左も分からない」受験初心者から、受験直前の６年生を持つ親御さんまでが知っておくべき情報が凝縮された“最初の一冊”。「小４、5、６年ごとに注力すべきポイントは違う」「各学年の平日＆週末、春・夏・冬休み中に差をつける勉強の仕方」「小１～３年のうちにしかできない対策」に加え、「四大受験塾の特徴の徹底比較」「人気上位校の問題傾向や併願パターン」まで網羅しています。

西村則康・小川大介 共著
定価：本体1500円+税

四六判　320 ページ　ISBN978-4-296-10646-2